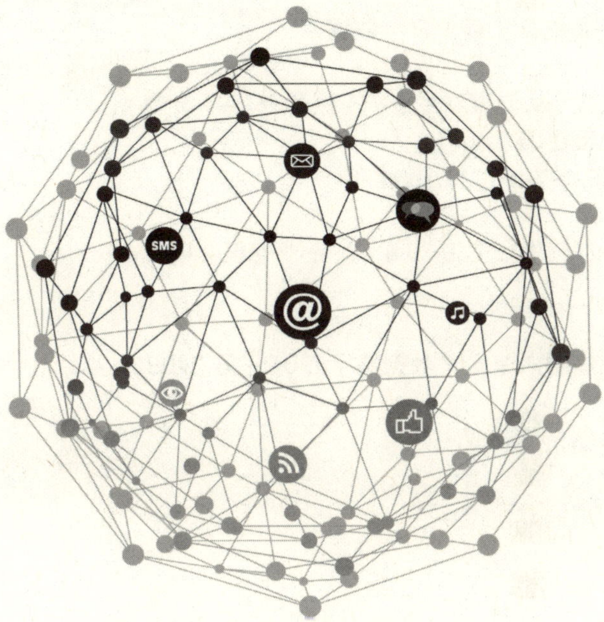

CHUANG KE SHI DAI

CONG CHUANG YI DAO SHENG YI

创客时代

从创意到生意

王振华◎著

创客的时代，创造不再是少数人的专业
而是多数人的机会

中国言实出版社

图书在版编目（CIP）数据

创客时代：从创意到生意 / 王振华著. -- 北京：中国言实出版社，2015.10
ISBN 978-7-5171-1594-6

Ⅰ. ①创… Ⅱ. ①王… Ⅲ. ①企业管理－研究 Ⅳ. ①F270

中国版本图书馆 CIP 数据核字 (2015) 第 240924 号

责任编辑：李连成

出版发行 中国言实出版社
地　址：北京市朝阳区北苑路 180 号加利大厦 5 号楼 105 室
邮　编：100101
编辑部：北京市西城区百万庄路甲 16 号五层
邮　编：100037
电　话：64924853（总编室）64924716（发行部）
网　址：www.zgyscbs.cn
E-mail：zgyscbs@263.net
经　销 新华书店
印　刷 环球东方（北京）印务有限公司
（如发现印装质量问题，请与印刷厂联系调换）
版　次 2016 年 1 月第 1 版　2019 年 2 月第 2 次印刷
规　格 710mm×1000mm　1/16　14.5　印张
字　数 205 千字
定　价 42.00 元　ISBN 978-7-5171-1594-6

序

最好的时代

这是最好的时代，好到你只要拥有可行的创意，就可能梦想成真。

这个时代，每一天，每一个角落，都有种子在破土。O2O、物联网、智能硬件、人机接口、开源硬件、3D 打印、众筹……每一粒种子破土后的力量都能排江倒海，刷新和重组着我们的思维和生活。

一个人，一台电脑，一根网线，就可以重构一个世界，开创一番事业。

这个时代，资金很主动。大把手握重金的投资机构和投资人在急切地寻找项目，只要有创意和行动力，钱不是问题。

这个时代，消费者有些饥渴。被互联网改变了生活方式的 13 亿多中国人，为各种产品和服务提供了世界上最大的消费潜能。只要找准切口，注重用户体验，市场不是问题。

这个时代，政府有些迫不及待。李克强总理“万众创新、大众创业”的话音，犹如一夜春风，吹开了千树万树梨花；孵化器、众创空间火遍大江南北，政策和场地不是问题。

这个时代，我们看见了自下而上的、生机勃勃的创新力量，从网络爱好者到数以亿计的普通网民，个体力量史无前例地在数字世界里抑制不住地展现出来。再度发力时机已经到来，这种力量将在更加宏伟广阔的范围内产生我们始料不及甚至让我们感到战栗的影响。

创客运动把创造的参与精神和开源精神普惠大众，并终将引领一场产业革命；创客运动是网络一代改造和革命真实世界的过程。

20世纪80年代海尔和华为草创之初，张瑞敏或任正非在老旧逼仄的工厂里，单纯地、专注地，卷起袖子、流着汗，动手去实践梦想。

当今中国，一群年轻创客则接过了前辈们“中国制造”的火把，勇敢地朝“中国创造”的高峰奋力攀登。

这真是个造梦的最好时代，“互联网+”为我们带来了无尽遐想。

无论成功，无论失败；无论欣喜，无论悲壮，创客这个群体一定会被这个时代贴上鲜明的标签，并终将被历史所铭记。

我相信自由自在，相信希望，相信伸手就能碰到天。创客时代，让生活更新鲜，每一天都精彩万分。

创客，加油！

王振华

2015年8月于济南

CONTENTS

目录

第三章　用别人的钱创自己的业

第四章　整合资源为己所用

第五章　团队建设：建班子、带队伍

第六章　客户关系：没有订单谁也无法生存

第七章　营销推广：让你的初创企业名声响亮

第八章　创业维艰：如何完成比难更难的事

附录：国家相关扶持政策

<<< 第一章

从 0 到 1，让创意落地

曾几何时，仅透过创意改变世界异常艰难。

现在以及未来十年，当人们将互联网的数据生产力用在创意上时，信息不再只是用于认识世界，还将用于改变世界。

互联网不再是一个行业，而是一个工具，对于制造业来说，如同第一次工业革命时期的蒸汽机、第二次工业革命时期的电力与内燃机。

身为创客，拥抱科技，改变世界，成就自己。

1.1 创客运动重塑制造业

“现在，我们已经被网络上俯拾即是的财富宠坏了。” 克里斯·安德森在《创客：新工业革命中》如是说，“只要有想法，外加一台笔记本电脑，年轻人就能创立改变世界的公司。”

在安德森看来，对于制造业来说，网络的美妙之处在于将发明工具和生产工具大众化了。不管你是谁，只要有一个点子，就可以凭借某些软件代码将想法变成模型样品（数字 DIY）。就算你不懂编程也没关系，什么问题都可以在网上找到行家请教。此外，越来越智能的设计软件能将概念直接转化为可操作的文档。比如，CAD（计算机辅助设计）只需你提供想法，就可以告诉你该如何生产。而 3D 打印机的出现，完全模糊了比特与原子之间的界限，一键就能让数字模型变成实物。

如此种种，让安德森这类创客如鱼得水。

所谓创客，是指出于兴趣与爱好，努力把各种创意转变为现实的人。创客们将制造业搬到了自己桌面上，电子服装、智能手表、多功能游戏手柄、食物烹饪器等等，只要用户能够想象到的产品，都有可能在创客手中实现。他们可以是艺术家、设计师等各个领域拥有创新精神的人，甚至可以是一个大学生或中学生。

安德森自 2001 年担任美国《连线》总编辑，著名的《长尾理论》即出自其笔下，同时他也是一名能力很强的创客。2009 年，安德森与人合伙租了一个车库成立了 3D Robotics 公司，主要从事无人机的发明与制造。第一年该公司的营收虽然只有 25 万美元，但已经盈利，到了第三年也就是 2011 年，其营收超过了 300 万美元。2012 年 11 月，他从《连线》辞职，成为专职创客。

之所以年营收 25 万美元就已经盈利，是因为安德森的这种模式最大限度地打掉了中间分销环节，避免了层层加价，同时也没有库存、赊账、广告营销费、财务成本……利润空间相对传统制造业要大得多。

在很长的一段时间里，从创意到产品再到生意是一条艰难之旅。你的创意或者所发明的产品再好，如果不能批量生产，一切就等于 0。而批量生产的权力掌握在少数的企业主与有钱人手里，能否说服他们投产（投资），并非发明人所能掌控。

安德森的外公一生至少拥有 27 项专利发明，却只有一个自动喷灌系统有幸从专利变为了商品。但是安德森外公的经历并非悲剧，而是那个时代难得的成功案例，因为更多人的发明只能静静地躺在专利局，直到专利期满也无人问津。

在安德森的 3D Robotics 公司，他只用了几个月的时间和 5000 美元就让一个创意变成了生意。他的方法很简单：在网上找一些对制造改良喷水系统感兴趣的同行，共同用开源软件做设计，再将 CAD 设计发给制造服务商制作成型。该产品投放市场之后很受欢迎。

通过安德森与其外公的对比，我们可以看到：互联网、开源软件和开源硬件，以及 3D 打印等新技术的应用，让制造业已经像互联网一样数字化，现实与虚拟之间可以随意切换，批量与少量随意生产，从创客到创业的道路里程几乎缩短到 0。

在互联网普及的这 20 年里，基于虚拟世界的商业创新让人耳目一新。但作为活生生的人，毕竟无法生活在计算机或者比特世界里，衣食住行都需要有形的实物。即使是在万物互联的物联网时代，可连接的物品也需要是原子的。因此，与计算机革命相比，更注重创造有形实物的创客运动的来势会更加凶猛。安德森断言：创客运动将实现全民创造，推动新的工业革命。

在创客逆袭的同时，从事制造业的企业也需要调整策略，力争创客化。企业唯有创客化，才能制造出满足用户消费需求的产品，适应新的商业趋势。

如果上升到国家层面，作为国民经济主体的制造业，创客兴则国兴，创客衰则国衰。因此，在2015年3月5日，李克强总理在政府工作报告中指出：“要推动大众创业、万众创新，这既可以扩大就业、增加居民收入，又有利于促进社会纵向流动和公平正义。”3月11日，国务院发布了《关于发展众创空间推进大众创新创业的指导意见》，确定到2020年形成一批有效满足大众创新创业需求、具有较强专业化服务能力的众创空间等新型创业服务平台。

未来的制造业将会展现出这样的图景：一群聪明而又有创意的人会聚在众创空间，靠一个个好的想法在改变世界的同时成就自己。

1.2 梦想家+行动派=创客君

我们每天都有各种奇思妙想，但绝大多数只是停留在一闪而过的想法上。而创客之所以不同于其他人，是因为他们愿意为创意付出行动。

从创意到产品，有貌似漫长的距离。但正如古人所云：“天下事有难易乎？为之，难者亦易矣；不为，则易者亦难矣。”

生于1987年的湖北小伙覃政，从小就爱做手工。后来他考上了北京航空航天大学，开始迷恋上做航模、机器人和电动车。2006年，覃政第一次接触虚拟现实技术，就被其吸引了，他在电脑上设计机械臂和摄像头，然后去找学校开办的工厂做模具，生产零件，但是这样一趟下来不仅费时费力，而且一个零件做下来至少要几百块钱。后来，他开始用激光切割亚克力板，自己动手做零部件，可这样纯手工的活又难以保证精确度。

2010年，3D电影《阿凡达》火爆全球。在享受完这场视觉盛宴后，正在读博的覃政突发奇想：能不能做一个“眼镜”，人戴上后看家里的视频也有3D效果？

尽管这个想法在很多人看来有点“不现实”，但是覃政满怀热情地投入设计。经历了不少困难与坎坷，2012年年底，一台虚拟现实头盔终于在电脑里设计成型。当时，国内刚刚有民用的3D打印机，覃政便筹钱买了一台。经过三个月的修改，终于打印出了虚拟现实头盔的原型机。依靠这台可以演示的实物，他拿到了第一笔500万元的投资。

从创意到实现，覃政走得并不容易。他甚至为此退学，舍弃了即将到手的博士帽。现在，他已经成立公司，并拿到了投资，虚拟现实头盔已经上市，由代工厂加工。但公司里仍然有多台3D打印机在不停工作，用于试验、研发新的产品。作为CEO的覃政依然是一名创客，技术创新仍是这个团队的核心任务。

创客不仅是异想天开的人，更是脚踏实地的人。著名成功学家拿破仑·希尔曾经说过："一张地图无论多么详尽，永远不可能带着主人在地面上行进半步。"也许行动起来会有诸多的绊脚石：技术、嘲笑、方向等等，然而当你真正行动了你才会知道，全世界都会为你让路。

1.3　小众崛起，创客不再孤单

在互联网飞速发展的20年中，我国互联网江湖中出现了百度、阿里巴巴和腾讯（BAT）三大巨头，他们分别在搜索、电商和社交领域独占鳌头。跟随其后的创新创业者，一度饱受他们的蹂躏。

BAT的商业模式可以用四个字概括——“流量贩子”，即提供免费的信息以吸引流量，然后将流量变现。在“流量贩子”盛行的互联网时代，最糟糕的局面是赢家通吃，BAT挟流量以令诸侯，再加上资金的金箍棒，所到之处寸草不生。

然而从2011年开始，形势发生了急剧变化，这一年，智能手机的使用量首次超过PC端。得益于移动互联、智能设备的兴起，互联网变得无时无处不在。昔日没有面目的“流量”有了个性、情感与温度，它们不再满足于做单纯的信息接受者，而是开始积极参与信息的制造、传播、分享。

“流量贩子”的铁板露出了罅隙，更精准、更亲民的O2O、C2B、C2C模式应运而生并茁壮成长，千篇一律的大众形态走向更具个性意义的小众群体。就像硅谷精神教父、科技商业预言家凯文·凯利（Kevin Kelly）所预言的：“未来趋势是去中心化。”在互联网的生态系统里，分散的小众聚集起来不断冲击着逐渐陷落的中间市场。

小众崛起！社会趋势观察家、牛津学者詹姆斯·哈金在《小众行为学》（北京时代华文书局，2015年4月）中指出：“大众社会的时代已经结束了，批量生产、大众消费、大众教育、大众传媒正在衰败，随之而来的是小众‘利基市场’。”大规模的生产仍将存在，但个性化定制在不断扩大份额。消费将以社区、兴趣小组、俱乐部、次文化等碎片化的形式展开。以公司为中心的创新已经落伍，取而代之的是以用户为中心。“广告为王”“营销为王”“渠道为王”已死，“消费者体验至上”的时代已经来临。

各种奇葩型小众创新产品，反而更能受到部分人的追捧，当然也会有部分人无感甚至反感——但是你不必在乎。下面这些充满创意的产品，有哪一款能够打动你？

1. 后座锁

停放自行车时是一把“U”形锁，开锁骑行时卡在车座下可以成为临时后座。对于那种没有后座的自行车而言，似乎很实用，也很拉风。

2.MEDA 骑行安全背包

夜间骑摩托车时，MEDA 背包可以装很多东西，还内置了与摩托车现有车闸灯与转向灯串联的灯。当车辆转向或刹车时，背包也会亮起相应的灯，更好地保证了骑行者的安全。

3. 无伞骨雨伞

好比你举着一根“棍子”，通过棍子里喷出的空气来阻止雨水流到你身上。虽然其售价高达 1000 元人民币，但是在 Kickstarter 上却有 800 多位支持者，目标资金仅为 1 万美元的它最后筹得超过 10 万美元的总资金。

4. 自行车洗衣机

洗衣机＋室内健身自行车。省电又健康。

5. 星空床

床头上方有一个人造穹顶，躺在床上仿佛被一片星光点点的夜空所笼罩。不仅如此，它还能发出模拟户外的小杂音，像微风吹过、小动物叫等，并散发出大自然的味道。

6. kiss 水杯

杯口是烈焰红唇。想 kiss 就喝水，想喝水了就 kiss。

7. 超级大回车

将电脑回车键放大三四倍，单独作为一个键盘用 USB 连接电脑即可。噼里啪啦地敲键盘之后，重重地最后一敲巨大的回车，很帅很爽的感觉。

8. 谢谢 / 对不起 T 恤

左臂袖子内侧印有“对不起啊”字样，右臂袖子内侧印有“谢谢”字。这是日本的一款产品，两句日本人总是挂嘴边的话，终于可以通过挥手示意来减省了。

如果你被这些脑洞大开的产品打动了——哪怕只有一款，天生为小众而生的创客们也就有福了。凯文·凯利在《技术元素》一书中，曾提出一个“1000 铁杆粉丝理论”，意思是“一位专注的艺术家能够培养 1000 名铁杆粉丝，并且通过新技术获得粉丝的直接支持，就能过上安稳的生活”。

新生代的创客可谓制造业界的艺术家，其创新只要获得 1000 名支持者，就可以让该创新落地并获得较好的收益。巧合的是，被誉为“中国胆机之父”的老匠人曾德钧，已经在手工音响和收音机领域摸爬滚打了 30 年，其做复古收音机猫王 2 的众筹目标就是 1000 台。当然，对于创客来说，“1000”是一个虚数，其意思更多的是“不需要太多”。事实上，这个数字通常可以更少，例如我们在本书中所提及的陈坦，他只获得了 80 多个订单就可以小赚一笔。

在创意面前，生意是不平等的。复古收音机能卖 1998 元就是明证。大量的同质化商品在网络平台超市展示，人们反而容易陷入选择焦虑，好在线上线下都有便捷的比价工具（线下扫描二维码），那么好吧，谁的更便宜买谁的吧。而如果看到了一款独特的、精心设计的商品，他们将不再犹豫与吝啬，愿意立刻下单买买买。

与传统制造业不同，现在的实物制造过程越来越趋近于数字化。鼠标轻点，你的产品就能发送到拥有30亿潜在用户的全球市场上——2025年这个数字将达到50亿！

这意味这小众市场在绝对数上并不“小”。而且，值得一提的是：小众并非永远的小众，一旦流行开来也可以成为大众，比如苹果手机就经历从“小众”到“街机”的过程。《夜空中最亮的星》（逃跑计划乐队）和《传奇》（李健）曾经也是小众酷爱的歌曲，但是经过张杰和王菲的演绎，却成了街头巷尾都能听到的“街歌”——似乎有某些小众因此而心生不满。

而作为创客或创作人，完全不必担心小众商品成为大众商品。有那么多人追捧与购买，你还担心啥呢？

1.4 利用开源硬件二次创意

开源硬件，对于创客来说不是一个陌生的词汇。开源电子平台 Arduino、开源硬件树莓派等不仅在创客空间掀起了硬件开源的热潮，也成为创客们的最爱。

具体来讲，开源硬件就是指与自由及开放原始码软件相同方式设计的计算机和电子硬件。说得简单一点就是开发者将自己研发的某个硬件产品的 PCB（印制线路板）设计、BOM（物料清单）等所有硬件相关信息，以及其驱动软件源代码公开，其他的开发者可直接拿来使用，也可以改进后再次提交发布，在之前硬件的基础上进行二次创意。

开源硬件是开源文化的一部分，Arduino 的诞生可以说是开源硬件发展史上的一个新的里程碑。

2006 年，第一版开源硬件 Arduino 在北京被打上 Flamingo EDA 商标，标志着中国开源硬件运动的启蒙。

在 Arduino 的网站上，图纸、设计文件以及 Arduino 电路板配套的软件都是开放的。任何人都可以用这些图纸和设计，自己生产 Arduino 的电路板，而且不会有专利权的困扰。只是有一点，如果你的最新设计是基于开源硬件进行的，那么你的最新设计也必须保证自由和开放，而且不能使用新的品牌。

北京创客空间的创始人王盛林做过这样一个形象的比喻：“开源硬件的意思就好比有人做了一个手机，他把制作所需的材料、电路图纸、做法都公布到网络上，其他的DIY爱好者也可以做，并且还能在他的基础上进行改进。”

开源硬件包括软件、电路原理图、材料清单、设计图等。开源硬件使用开源许可协议，自由使用分享，完全以开源的方式去授权使用。同时，开源硬件还把软件惯用的GPL(GNU通用公共许可证)等协议规范带到硬件分享领域。

其实，最早的硬件都是开源的，包括打印机、电脑甚至苹果电脑，他们的设计原理图全是公开的。直到20世纪六七十年代，或许是出于利益考虑，一些公司选择闭源；加上很多的贸易壁垒、技术壁垒、专利版权等，出现了公司之间互相起诉的情况。不能否认，这在一定程度上有利于创新的发展，但同时也会阻碍一些小公司尤其是初创公司的创新和发展。

在这个曾经“开源过”的前提下，一小批爱好者，也就是创客，重新认识到了开源的好处，于是开始致力于开源的研究，开源得以重新发展。

从某种意义上来说，开源硬件更像是一座没有围墙的城堡。你可以使用它、装扮它，但是，你不能把它带走，不能把它据为己有。

硬件开源的好处，一方面降低了技术门槛，使非专业人员也能按照自己的创意开发一些智能产品；另一方面，拉低了产品的价格，项目开发者可以直接使用开源硬件，而不必在硬件开发上再投入人力物力，如果需要批量生产，也可以直接用较低的价格购买已经制造好的开源硬件。这样就大大降低了产品的生产成本。

同时，因为节省了硬件开发的环节，也大大缩短了新产品开发上市的时间。传统的硬件项目开发，从概念到成熟需要七八年的时间，而硬件开源后，从创意到成品平均在二三年内即可以产业化。

生产出世界上第一批开源汽车的美国汽车生产厂商 Local Motors 公司，将 Rally Fighter 车型推向市场，只用了 18 个月的时间，研发费用只有区区 300 万美元。

再看一下传统汽车的研制情况：通用汽车，开发沃特花费了 6 年时间，耗费了 65 亿美元；特斯拉电动汽车公司，也是用了 6 年时间，耗费了 205 亿美元的资本，才研发出 Roadster 这款敞篷汽车。

对于创客来说，如果没有硬件的开源，在开发产品项目时，一个软件工程师是很难做到软硬件兼顾的。有了开源硬件，软件工程师就可以使用现有的开源硬件，只开发应用上的控制逻辑就可以了。技术门槛的降低，让创意到产品变得更加容易。

2008 年，在中国国内先后成立了两家致力于开源硬件的公司——成立于深圳的 Seeed studio 公司和成立于北京的 DFRobot 公司。这让对软件一窍不通的艺术家都能够自学成为电子和软件工程师。如今，这两家公司已经在全球五大开源硬件供应商中占据了两个位置。

目前，在全球市场，开源硬件已经度过了萌芽期，很多互联网巨头也在布局开源硬件：Intel 已经携带 Edison 进入可穿戴设备领域；Google 推出模块化手机 Project Ara 项目；Facebook 推进“开放计算项目”，分享其服务器及数据中心专用技术；华为也将自主研发的物联网专用操作系统 LiteOS 开源。硬件开源已经成为一种趋势。

作为一种社会创新，开源系统将打造一个开放自由的平台，让创客们充分享受技术的无国界带来的便利和快捷。

1.5 3D 打印，打印出更美好的未来

3D 打印机是近年来很火的一款工具，能根据 CAD 三维数字模型，通过材料逐层叠加最终生成产品。目前3D打印技术已广泛应用于国防军工、航空航天、船舶汽车等工业领域，在建筑行业、医疗卫生、人偶玩具、服装服饰、食品加工等民用行业则刚刚起步。

2013 年，美国德克萨斯州的 SLS 服务供应商 Solid Concepts 成功制造出了全球首支采用金属材料的 3D 打印枪。成品手枪目前为止已经通过连发 50 多枪的耐力射击测试，可准确击中 27 米开外的目标。在此之前的 3D 打印枪都是塑料制成的。

除了弹簧和弹药是使用现成的成品之外，这款金属材质的枪均系打印而成，和真正的手枪没有什么区别。

3D 打印技术以其成型快、成本低廉的特点，深受创客们的喜爱。无论是研发阶段，还是小批量、个性化制造阶段，3D 打印都能充分发挥了它的优势。

在贵阳，有一群宅男宅女组成的“多国部队”登上了国际科技舞台，创下多项纪录。这就是 Flex 创客团队，其成员不到 20 个，来自中国、美国和印度，大多是“80 后”“90 后”。

在 Flex 的工作室里，有想法大家可以随时沟通、交流，现场动手操作。不少设计的产品通过 3D 打印机成型，并得到市场的追捧。

其中，一驾能够实时回传图像到手机屏幕的微型智能飞行器，主体机架就是由3D打印而成。这驾飞行器，曾在全球众筹，目标1万美元，但实际上获得了56万美元的“购买支持”。

相对于过去流水线、标准化的生产方式而言，个性化、小众化的生产方式将成为其重要补充。在这种社会化制造模式下，用户既是消费者，也是设计者、创造者、分享者。

借助3D打印，每个人都可以拥有自己的小作坊、小工厂，进入“数字化作坊”时代。比如Flex飞行器的形状设计，只要用户家里有3D打印机，能下载Flex提供的程序，就可以随心所欲地设计自己的产品形状，拥有产品专属版本。同时，还可以帮助Flex改进产品设计。

享受3D打印机好处的创客们，也在3D打印机的制造上不停改进——在性能以及价格上。现在，像桌面级打印机最便宜的才几千块钱，工业级打印机价格不等，可按照自身需求购买使用。创客不愿意自己购买，也可以去创客空间打印。

如果再往前推进一步，当大多数用户将3D打印机搬回家，那么又将是一个什么场景呢？

也许那一天，他们只需要购买你的产品数据了。未来更多的实物会变成数据，商业活动更多的将是卖数据，也就是卖比特，而非原子、分子组成的实物。

正如英国《经济学人》2012年4月刊所云：“3D打印技术是第三次工业革命最具标志性的生产工具，该技术与其他数字化生产模式结合，将会推动第三次工业革命的实现。”

第二章

如何打造一款爆品

打造一款爆品，从默默无闻一举成为所谓的“网红”，这是每一个想创业的创客的梦想。但爆品从来不是偶然，辉煌的背后是精心的布局与深远的谋虑。

2.1 选热领域，攻小切口

一方面与国外创客图好玩不同，中国的创客更关注商业价值。当创意变成实物后，多数创客并不希望止步于此，他们希望自己的作品能变成商品。

另一方面，在中国，创客的作品更容易商业化。因为在中国很容易就能买到物美价廉的原材料进行产品原型设计，同时有很多小批量生产、快速反应的加工厂能为创客提供加工生产服务。创客利用这些有利的资源去创业将会十分便利，无论是对于创客，还是对于当地的实体经济都会带来好处。

那么问题来了：开发什么样的产品才具备更大的爆款可能性？

对于初次创业的创客来说，选准一个热门的领域、从小切口入手就是成功的捷径。所谓“爆品”，当然是一个快速火热的产品，如果不是在热门的领域，想一下子火起来也能难。一个冷市场要热起来，仅仅耐心等待是不够的，还需要亲自参与“烧火”，将一锅冷水烧热。这个烧的过程，往往烧的是钱。显然，创客没有足够的时间与资金去熬、去烧。

2014 年 2 月的一个重度雾霾天，戴赛鹰、陈海滨、宋亚南聚在北京一间餐厅，聊着聊着谈起了孩子。宋亚南刚有一对儿女，尽管细心看护，但宝宝们出生后竟反复得了几次呼吸道疾病，令宋心疼不已。

PM2.5 的严重超标，对儿童和婴儿的损害更大，因为他们呼吸更快、运动量更多，且其鼻腔短、鼻毛少，对空气污染的阻隔能力还不到成人的1/4。世界卫生组织的数据也印证了这一说法：全世界每年有10万人因为室内空气污染而死于哮喘，而其中35%为儿童。

当时，陈海滨的小儿子即将出世，戴赛鹰妻子的预产期是7月底。望着窗外久久不散的雾霾，三位爸爸（准爸爸）在饭桌上开始琢磨去买一台最好的空气净化器。一番了解下来，发现最好的要1万多块钱一台，而且一台可能不够用。于是他们便产生了一种自己来制造的想法。

想法萌生后，他们对700多位婴幼儿父母做了调查，发现有越来越多的家长关注到了空气污染对孩子的危害，也愿意购买空气净化器；如果有专门针对儿童的空气净化器，家长们更加关注它的净化功效、除菌能力以及安全性。这样的调查结果无疑是个好消息，意味着他们发现了一个爸爸妈妈的痛点——这也正是商机所在。

不仅仅是做一款空气净化器，而是做一款专门针对儿童的空气净化器的产品。这是他们三人一致的决定。

带着商业计划，三人约到了高榕资本的张震。张震决定借给他们100万美元过桥贷款，同时约定：如果三人能在9月份之前把这个净化器完整地做出来，就再投900万美元；如果失败了，还得把这100万美元还给他。

雾霾肆虐，空气净化器成为热领域。在这个热领域里找到“儿童空气净化器”这个小切口，这一点不仅打动了投资人，还在众筹时打动了用户。在京东众筹，仅仅29天就众筹到1000万元。

“热领域、小切口”是初创事业迅速起飞的关键。因为在热门领域后面接盘的，无论是大买家、投资机构，还是一些合作伙伴，“热门领域小切口”入手会使你的横向合作和纵向整合都非常容易做到。

2.2 找准痛点，定点突破

手机可以说是继电脑之后又一个硬件制造的风口，连罗永浩和董明珠都涉足手机制造。手机周边外设产品自然也就顺势壮大，其中耳机就是其细分市场中的一个拥有巨大用户量的小产品。

理论上说，每个拥有手机的人，至少拥有一副耳机，最起码的配置就是随手机附赠的所谓原厂耳机。虽然市场上已有众多品牌的线控耳机，但一伙自称“七千猫”的创客团队打算横插一脚。

他们对耳机的用户体验有自己的看法，举个例子来说，某手机大企业在推出某款手机的同时配了一款“震撼级”的线控耳机，戴上后能感觉到“仿佛来看宇宙般的静谧背景”——这是这家企业重点推出的创新点。但这款耳机仍是入耳式的设计，戴久了耳朵很难受。

“七千猫”们认真研究了市场上现有产品的优缺点之后，找到了其“三大痛点”：一是配戴方面，现有耳机大多采用入耳式设计，用耳道当音腔，虽然保证了低频段的音质效果，但是它挤压耳廓，久戴会使耳痛甚至损伤听力；二是音质方面，与千元级的专业耳机差距太大；三是无法做到对双系统的音量控制。

带着以上三个痛点，“七千猫”想尽了各种办法，开发出了一款既保证品质又不损伤听力，并且价钱为几百元的“声宴”耳机。

2015年7月，“声宴”登录京东众筹，半个月就完成了100万的众筹目标。

以“七千猫”的线控耳机来说，除了符合我们在2.1里所说的“选热领域，攻小切口”之外，在“小切口”上还做到了“找准痛点，定点拔除”。

一款所谓的好产品，当然最好是面面俱到。但这是理想状态，对于创业阶段的创客来说，人力物力都不允许如此。最好的办法是把一两个不超过三个的功能点做透。什么都想做，什么都想做好，这样的初创团队成功率几乎为零。为什么呢？因为初创公司的团队能力包括资源能力都是非常有限的，没充足的兵力与弹药，不具备全面开战的实力。

在选择功能痛点上，一定要选客户感知最强，或者用户最刚需的功能点，单点把它做得最透。曾经有一家创业公司从母婴类空气净化产品入手，一上来就罗列了一二十个用户的痛点。但是经过仔细梳理，发现最重要的是PM2.5和除甲醛。这两个痛点才是所有的爸爸妈妈最关心的问题。于是他们努力把PM2.5值降到接近于0，除甲醛除到最干净。虽然产品外形做得并不太美观，体积也过于庞大，但是这两个功能做得比欧洲同类产品还好。然后他们将这两点放大，加以强调与宣传，最后取得了非常好的市场反响。站在用户的角度，最关心的就是你这两个功能点是不是做得最好，至于是否小巧、美观，并不是那么重要。

那么有些追求极致的创客可能会纠结：我就喜欢将产品做到完美，这才是创客精神。没问题，你下一步可以在外形上、体积上加以改进，逐渐推出第二代、第三代机型。通过前期的铺垫，改进版的市场更容易打开。如果你一味追求“完美”，很可能错过时机。在你还在为减少体积想方设法时，别人的产品推出来，先声夺人，卡住了位置。等到你解决了体积的问题，别人的2.0也推出了……最后，你的产品还没有完美，别人的3.0、4.0产品又推出——因为他们已经融到了资，有了更多的人力物力来改进。

其实，创客创业就像以少胜多的一场战役，全面开战、一举歼灭是不可能的，只能奇兵突袭，打“敌人”最敏感、最重要的点。将敌人的司令部端掉，把军火仓库点着，你就赢了。

2.3 精益创业，快速迭代

精益创业是硅谷流行的一种创新方法论，精益创业代表着一种不断形成创新的新方法，它源于“精益生产”的理念，提倡企业进行“验证性学习”。也就是，创业企业可以先向市场推出功能不很完善的原型产品，然后在不断试验和接受市场反馈的情况下，以最小的成本和有效的方式，来验证产品是否符合用户需求。这样的开发方式，一般是针对面向小众消费者的小项目，这一方式不追求完美。在产品推出后根据消费者的反馈，灵活调整方向，快速迭代并优化，促进产品功能的完善和完美。

创客的产品，以高科技小项目为多，这类产品的特点就是升级迭代比较快。这样的特点，让创客们可以有更多试错的机会，产品也就有了更多改进的机会，创客们在不断的试错中找到产品新的突破点，最终完成对产品的优化和完善。

任何一个产品的都需要一个不断完善的过程，而这个过程，就是一个不断犯错又不断改正错误、调整方向的过程。即便是已经风靡全球的苹果，仍有其不甚完美的地方，乔布斯也会犯错。

在手机屏幕大小的问题上，乔布斯曾经多次指出，3.5寸是手机单手操作的最佳选择，尤其是女性手比较小，如果屏幕变大，会让女性用户反感。然而，事实是真正感觉大屏幕手机操作不方便的恰恰是男士。

原来，从 3.5 寸 iPhone 手机诞生的那一天开始，女性消费者就一直是用双手进行操作的，所以，手机屏幕变大，对女性消费者的操作来说，并不会造成不便的影响，除非手机屏幕大到她们双手都无法操作。相反，男士在操作手机的时候，更习惯于用单手，所以，手机屏幕变大以后，男士要面临着从单手操作变成双手操作，这对他们来说，确实是一个坎儿。

当然，乔布斯一直没有意识到这一点，所以，在其他手机厂商纷纷做大屏幕手机的时候，苹果依然坚持他的小屏幕路线，一直到乔布斯去世。

即使如乔布斯这样的商业奇才，也会有犯错的时候，所以，对于刚刚开始创业的创客来说，犯错误也是在所难免的。

对于创业的创客们，在最初设计时，对未来的产品是不确定的，他们需要在不断的试错中寻找新的突破点，有“试”才能有“适”。在移动互联网时代，产品开发的成本较低，也就意味着产品“试错”的成本较低。这在很大程度上减少了资源的浪费，促进了产品再开发的进程。产品从立项到消失的周期非常短，一家企业或是一种产品，从蓬勃到衰落，往往只要一个星期。一款产品的失败，并不意味着世界末日，因为还可以尽快开发下一款产品，甚至转型。

对于创客来说，“试错”“速死”是一种常态，用创客们的话说就是：“我们的目标不是存活，而是速死；你必须不断试错，在挫败中创新，在‘死’中重生。”

当然，低成本不是无成本，创客可以“速死”，更要快速“求生”。试错的目的是为了纠错，学会在试错的过程中不断调整方向，寻找新的突破点，让产品更完美，才是最终目的。

在移动互联网时代，微信作为一款社交平台软件，让传统的社交得到了纵深发展，牵动着数亿人的神经，几乎是在瞬间就达到了垄断的位置。

移动支付、客户关系管理、数据存储，微信成为继个人电脑之后，又一个改变信息入口、影响数亿人生活和工作、颠覆传统商业模式的新发明。

这样一款软件，也是在不断的试错过程中快速成长起来的。

2011 年，微信推出最基础的 1.0 版本，当时的微信只有短信和照片分享功能；到了 2.0 版本的时候，增加了语音和群聊功能；等到了 3.0，有了摇一摇功能，可以和陌生人加为好友了；到了 4.0，微信成为一个开放的公众平台；随后推出的 4.3 又加入了公共账号平台，从单纯的即时通信工具变成了一个移动平台；到 5.0 的时候，微信已经有了游戏和支付功能。从社交到购物，再到 020，微信的每一次升级迭代，都是在不断试错的过程中完成的。

微信的每一个版本都不是完美的，但是这并没有妨碍它的用户数量的增长。而且随着功能的进一步完善，它越来越得到用户的喜爱。作为一种自媒体社交方式，微信正在悄悄地改变着人们的生活，也影响着整个世界。

任何一个伟大产品的诞生，都是一个不断改进完善的过程。在移动互联网时代，快速开发、快速迭代已经是每个企业面对的现实，对于刚刚开始创业的企业尤其如此。

有创业者可能认为，前期多做一些市场调研，把握住客户的需求以后，再进行产品的研发岂不是比试错要更快捷，还能降低试错的成本？但是，创业者要明白，市场调研与实际操作是两回事儿，市场调研永远代替不了试错。产品开发过程中的过分追求完美，是产品快速迭代的大忌。创业者在市场机会微光乍现的时候，要能够及时把握，先做再纠正要比等调研结果来得更快。

“敏捷开发、精益创业”的特点，就是允许产品不完美，允许犯错，让市场促进产品快速成熟。作为企业的研发人员，要加快产品开发的进程，在最短的时间内把产品推到消费者面前，根据市场反馈不断更新产品，通过快速迭代来完善产品的功能。

在移动互联网时代，信息更新的速度以微秒来计，人们对产品的消费需求随时随刻都在发生改变。而作为以创新为核心竞争力的创客产品，也必须保持实时更新，才能适应随时变幻的市场。创客创业者可以把“敏捷开发、精益创业”作为一种运行模式和追求，在不断试错、快速迭代的过程中，开发出功能更新、更完善的产品，才能留住用户，同时可以通过更新产品唤醒一些曾经的用户。

2.4 用微创新提升产品价值

说到创新，很多人头脑中就会出现另外一个词：颠覆，认为创新必须是颠覆性的。其实，不是只有颠覆才是创新，在全球每年数百万项申请专利的创新发明中，颠覆性创新的产品只占其中很小的一部分，大部分创新都是在原有产品的基础上进行改进的，这被有关专家称为“微创新”。

很多初始创业的小公司，不具备颠覆性创新的能力，但这不等于初创企业就不能创新。很多时候，创新只是在产品细节上做一些小小的改动，在产品功能方面加入一些人性化的设计，就能让一个原本不太实用的产品变得很实用，或者是原来效率低下的产品变得效率很高，让原本不是很受欢迎的产品变得被众多消费者喜爱。

人性化设计，是指在设计过程中，在产品原有基本功能的基础上，对产品整体感观进行改进，使产品更符合人的行为习惯、人体的生理结构以及人的消费心理和思维方式等。人性化设计，就是在设计中加入更多人性化因素，是对人的心理和生理需求的尊重和满足，体现了产品设计者的人文关怀和对消费者的尊重。

人性化设计往往只是一些小的创意，或者只是一个小软件，但往往能够给消费者带来极大的便利。任何一个人性化的微创新，都可能带来意想不到的惊喜！

海尔集团在开拓美国市场时发现，美国大学生对冰箱的要求不同于一般家庭的大容量需求——美国大学生租的房子很小，他们需要小体积的冰箱，而且，他们不仅要求冰箱体积小，而且还希望冰箱最好能当桌子用。于是，海尔技术部门迅速开发了一款带活动台面的小冰箱，并在此基础上，把活动桌面变成可以折叠的电脑桌，将冰箱和电脑桌合二为一，成为一款小型的电脑桌冰箱。

这款小型电脑桌冰箱推出后，迅速风靡了美国各大高校，并迅速占领了美国市场50%以上的份额。以至于数年后，当这批大学生长大参军后，仍然对海尔冰箱情有独钟，甚至出现了美国驻日本冲绳岛的军人点名购买海尔冰箱的现象。

产品关注人性化的设计，必然会让使用者感到舒服和快乐，甚至把对产品的喜爱扩展到同品牌的其他相关产品上。海尔的小型电脑桌冰箱就是这样一个例子。

“大众创业，万众创新”，在移动互联网时代，人人都可以成为创客。在创业的过程中，创客可以把自己原来的创意不断更新，加上一些人性化的微创新，以适应市场。也可以在产品的生产过程中，把消费者的需求与产品创新结合起来。

笑傲市场的小米手机，就充分利用了“米粉”们的创意，在手机的整个生产过程中，与“米粉”们形成互动，把消费者的需求充分融入手机的研发制造当中。可以说，是“米粉”成就了小米。

除了手机，小米插线板众多人性化的微创新也值得一提。

创新1：小米公司推出的小米插线板，超越了传统插线板只有普通两孔和三孔插口的局限，增加了3个USB插口，满足了越来越多的智能终端的快速充电需求。

创新 2：小米插线板的每个插孔都有单独的安全门，可以很好地防止孩子误触电击，这对于有孩子的家庭来说是一个非常温馨的设计。

而且，小米插线板的安全门以及过载保护开关的手感都很好，插插拔拔都不会让人感觉不舒服。这一点虽然不是什么功能上的改变，但在消费者体验方面，确实是要加分的。

小米插线板售价 49 元，不是很高，也不算很低。在消费者可以接受的价格的基础上，小米在插线板的市场上分得了一大块蛋糕，以致国内公认的插线板大咖公牛也开始推出带 USB 插口的插线板来与小米抗衡。

我们所处的时代，就是一个更新换代的时代。一个产品只有不断地更新升级，满足消费者不断变化的需求，才能在市场上站住脚。一个小小的创新，带来的市场价值将是无法估量的。

当前，大屏幕手机受到众多消费者的喜爱，但是，对于习惯于单手操作的男士来说，却感觉到极大的不便。2015 年，联想的最新机型 K910 使用了一个很聪明的解决方案，这款手机的“水银键盘”可以自动判断用户是用左手还是用右手握机，拨号键盘会根据左右手的不同改变显示方案；手机向左或者向右倾斜的时候，整个键盘可以像水银一样左右流动，动态效果很好，实用价值也非常高。

市场上真正的赢家，是那些敢于跳脱俗套、打破常规、用新思维想问题、用新方法做事的人。只有敢于创新，无视显而易见的庸常答案，才能不落入庸俗的圈子。作为创客创业者，如果你做不到创新，而你的竞争对手做到了，你可能就要被别人甩到后面去了。

2.5 将核心的东西掌握在自己手里

核心技术或者说核心部件，是掣肘一种产品甚至一个产业的关键因素。每个创客产品的与众不同之处，就在于其产品核心的技术和核心部件。这一核心东西，一定要由创业者团队自己研发制造。

近几年中国的机器人产业取得了巨大的发展，国产机器人销量大幅上升，不少本土的机器人企业也有了较大的发展。但是中国机器人的现实处境依然非常严峻，外资机器人品牌主导中国机器人市场的局面依然没有改变。究其原因，最关键的还是中国的机器人在核心技术上缺乏整体的突破。

机器人的核心零部件主要分成三部分，机器人减速器、交直流伺服电机和控制器。

目前全球机器人产业的成本构成中，35%左右是减速器，20%左右是伺服电机，15%左右是控制系统，机械加工本体只占15%左右，应用部分占15%。也就是说，目前减速器是制约机器人产业发展的关键因素，而机器人减速器的核心技术几乎都垄断在两家日本企业——纳博特斯克和哈默纳科手上，全球所有的机器人制造企业都在给日本企业打工。

核心部件需要进口，这无疑大大增加了中国机器人制造业的成本，特别是减速器，国内企业购买减速器的价格比国外企业高出将近5倍，也就是说，国内生产机器人的本体成本偏高，使得国产机器人难以形成价格优势，在国际市场上也就没有竞争力。

中国和其他国家那些没有自己的机器人减速器核心技术的机器人制造企业，因为没有自己的核心技术，依靠购买别人的核心技术生产制造自己的产品，首先在价格上就没有优势，在产品性能上也永远无法保证自己的产品处于性能最优的位置。

因为核心部件减速器受到日本企业的压制，中国的机器人制造企业始终无法在机器人产业崛起，就是这个原因。

所以，对于创客创业者来说，要想让自己的产品在同类市场上具有竞争优势，最核心的东西一定要掌握在自己手中。这样，首先会保证你的核心产品有了低成本的优势，在价格上让其他同类产品无法与你竞争；其次，因为核心技术是自己的，你的产品在性能方面会时时处于最优的位置，从而成为引领同类产品的潮流者。

QQ影音是在QQ社交平台的基础上后期开发的一款播放器APP，它的核心性能和速度，甚至超过了占据这个市场多年的暴风影音，很多用暴风影音不能看的电影，用QQ播放器却可以看。用马化腾自己的话说就是，核心的东西一定要做到极致，让产品自己去召唤用户。把自己的核心技术做到极致，让别人很难追上，或者需要很长时间才能追上，这样才能让企业立于不败之地。

对于一个产品来说，核心的东西决定着产品的整体性能，产品中核心的东西一定要要坚持自己做，而且要做到极致。谁拥有了核心的产品，谁就有了无法取代的核心竞争力。成功的企业都拥有自己最核心的产品，对于自己最核心的产品或者产品中最核心的部分，企业一定要牢牢地抓在自己手中。

> 虽然经历了数十年的变迁，乔布斯和他的苹果一直处于别人无法超越的地位，根本原因就在于他们始终专注于自己最核心的东西。苹果手机更新换代并不是很快，苹果每次推出新款手机时，都会有无数手机厂商争相模仿，但始终没有人能够超越。
>
> 苹果拥有世界上最核心的技术人才，他们在核心产品上独特的设计和创新是其他企业无法超越的，所以苹果也不怕其他厂商复制。因为核心技术掌握在自己的手里，其他人是复制不了的。

对于初始创业的企业，如果你一开始没有很强的创新能力和研发能力，暂时借用别人的核心技术，在市场上找到一个立足点，也不是不可以，其实很多小企业都是采用这样的方式。但是，如果想让自己的企业获得长足的发展，把企业做大做强，在市场上长盛不衰，就必须拥有真正属于自己的核心技术。

如果仅靠“借”或者“抄袭”别人的东西，永远无法获得长久的发展。如果一个企业一直没有优于他人的东西，没有“人无我有”的核心竞争优势，只能永远亦步亦趋地跟在别人后面，随时有被他人取代的可能。

2.6 张开视角，做全世界的生意

当创客成为创业者，就意味着他成了带领创业团队前进的人，其眼光、格局和视野，决定着企业发展的方向和未来。螃蟹只会比照自己的壳挖洞，对于创业者来说，你的精神世界有多大，你的视野就有多大，你的事业就有多大。很多创业者之所以不能做大市场，就在于没有放开眼光，目光局限在了一个小领域小范围的市场内，从而造成产品被市场所局限的现象。

因此，创客要想实现自己的梦想，把创意变成生意，并且做大做强，首先就要有站在月球上看地球的气魄，有一个能够扫视全球的视角，突破自己的局限，发现市场和商机。

在移动互联网时代，天气这一人人都会关注同时又非常容易被忽略的话题，也开始迎来它的互联网大潮。人们对天气的要求，不再仅仅停留在天气预报这一简单的播报上；人们需要了解更多、更详细的天气信息，天气已经成为影响人们生产生活的非常重要的一个因素。“墨迹天气”这一气象APP就在这样的大环境下应运而生了。

“墨迹天气”是一款免费天气信息查询软件，以其使用简单和人性化设计等特点，成为中国支持城市最多的手机天气预报软件。

有了强大的用户群，在不断更新版本的同时，墨迹天气也在不断摸索着寻找适合自己的商业运作模式。墨迹天气尝试着与众多的应用商家建立合作关系：继与淘宝、唯品会合作后，墨迹天气又与垂直电商美丽说、蘑菇街等建立了合作伙伴关系。

墨迹天气由天气应用切入，经历了工具——生活资讯——社区的演进，逐渐从应用向生活服务商转型。至 2015 年 5 月，墨迹天气用户量已经达到了 3.5 亿，相当于国内人口的 1/4。其核心产品包括墨迹天气 APP、空气污染指数 APP，还有智能硬件空气果。

在商业化变现方面，墨迹也已经找到了相应的赢利点，包括图片社交、品牌广告、020 服务等，实现了将庞大用户群大规模变现的目标。

在国内的市场打开以后，墨迹的创始人金犁将目光投向了国际市场，他要做全世界的生意。他说，墨迹天气的用户达到 3.5 亿人，在国内的发展空间已经接近饱和，需要把目光放得更远一些，拓展海外市场。

墨迹天气国际化的第一站选在了东南亚，2014 年，墨迹天气用 7 位数的价格从日本一家公司买下了 moji.com 的域名（他们原来的域名是 mojichina.com），金犁的解释是“市场空间足够大”。接下来，墨迹天气还会继续进军美国、欧洲市场。

当然，海外市场的拓展要比国内市场难一些，不同地区的人们文化、风俗等不同，关注点也不同，所以需要对当地的社会文化、人们对产品的需求等方面有更多的了解。对此，金犁表示要在一步步的探索中不断改进和完善具体的做法。

其实，墨迹天气向国外市场发展，并不是去开拓一个完全陌生的市场。在国外，商业气象服务已经有着相当成熟的商业模式，其中最为大众熟知的就是 The Weather Channel 和 Accu Weather 两大平台，它们占据了接近 70% 的市场份额。

而此时墨迹天气去开拓国外市场，正是一个非常合适的时机。一方面，国外已经拥有了成熟的商业气象模式，消费者对这一商业模式已经接受，墨迹天气不需要从头开始去开拓陌生的市场；另一方面，国际上两大商业气象平台占据了70%的市场份额，墨迹天气在国际市场上发展，市场竞争并不是很激烈，还有很大的发展空间。

在这样一个开源的时代，知识、信息、技术、人才都有着很强的流动性，世界经济处在一个瞬息万变的情景之下。企业要想做大做强，就必须放开心态，站在全球的角度去制定企业的发展战略，以全球的视野谋划推动企业的创新，形成自己的核心竞争力，从而推动自身的快速发展。

经济发展的背后是决策，而决策的背后是决策者的视野、格局和理念。企业未来的发展前景如何，决定于决策者自身所站的高度和决策者视野的广度。只有企业决策者的视野打开了，才能看到更大的市场空间，企业未来的发展也才能够有一个明确的目标和方向。

很多小公司在初始创业的时候发展很好，等到小有规模之后，反而停滞不前了。其原因往往就是决策者在企业发展到一定规模之后，没能打开视角，依然按照自己原来的模式运营，被自己设置的局限和框框框住了，在自己狭小的领域内不能走出来。

所以，对于刚刚创业或者正打算创业的创客们来说，开始的时候，也许你的生意没有那么好，也没有那么多的资源和那么大的市场，你只想稳稳地做好现有的市场，踏踏实实走好每一步，这样的设想一点都没有错。但是，你要有一个梦想，要有一个未来的发展愿景和目标，要有把企业做大做强、把生意做到全世界去的构想。

把视角张开，把目光放远，相信在未来的某一天，全世界都会有你的市场，全世界的人都可以成为你的客户。

<<< 第三章

用别人的钱创自己的业

长期以来,创客们创业都受到资金的严重制约。大多数人都没有富爸爸，也欠缺抱投资人大腿的门道，因此创业的梦想只能停留在脑海中。

但今天的局势变了。大把手握重金的投资机构与投资人在寻找项目。不差钱的中国，现在民间和国家手中拥有的现金也是全世界最多的。用徐小平的话说，对创业者而言：资金充裕，融资容易。

为了梦想成真，创客不必再努力“十八年”。

3.1 大把挥舞支票的人拥抱你

58同城创始人曾经感叹，现在也许只需要一个点子、一份创业计划书，就能拿到上千万的投资。而遥想自己当年创业，用户达到了1000万，做到了同行业领先，也仅仅拿到3000万元的融资。

所以有人形容现在的投资界就是“人傻钱多速来”。别笑，这是真的。究其原因，经历了三十多年的改革开放，中国的经济发展有目共睹。而在资本市场，钱更是烫得要命。中国的储蓄量和外汇量都位居全世界第一，放眼中国，到处都是投资人挥舞着支票在等待着创业者。

所有有资本的想在未来博得一份立足之地的人或公司，都挥动着自己手里的支票等着创业者。不仅仅是BAT在忙着布局移动互联网，连万达都在做线上。这些巨无霸把持着你难以想象的资源与资本，此外更有数不清的投资公司和天使投资人。他们面对着新的时代，他们挥舞着支票等待创业人，他们要投资未来，因为想要活下去的最好方法就是把敌人变成朋友甚至伙伴。

有人甚至开玩笑说：在当下的中国，创业者很多，但投资人比创业者还多。

回顾往昔，移动互联网才开始几年，就已经上演了一幕幕让人触目惊心的画面，一场场惊心动魄的战争。从千团大战到打车软件补贴大战，而每一次移动互联网的战争无不建立在烧钱的基础上。

起初时中国市场上拥有5000多家团购网站，到现在屈指可数，是什么让这5000家山头倒了下去？在互联网的世界中，不是“胜者为王”而是“剩者为王”，从残酷的搏杀中活下来就是胜利，凭什么活下来？钱！

团购网站说白了就是烧钱网站，各种补贴，广告投放，地推……它们在线上线下烧着钱吸引来用户，这就像网上的一些人烧人民币博取关注度一样，手段虽不卑劣也不高明，但好使。

真金白银从何而来，利润？2014年美团亏损了10亿元。美团烧的不是用户口袋里的钱而是投资人手上的支票。你再不来，投资人手里的钱烫得都能自燃了！

这些资本市场上的各种基金、投资公司以及天使投资人，他们自然是专业投资创业公司。但是别忘记还有其他的人，传统的互联网行业大佬更是精耕细作，不肯放过每一个可能的机会，颇有“宁可错投一千，不能放过一个”的架势。

2014年打车软件最火，千团大战弥漫的硝烟还未散尽就迎来了“机械化”的战队：打车软件补贴大战。只听名字就能知道，出租车烧的是油，而打车软件烧的却是钱。补贴即给钱永远是最野蛮、最原始但也是最好用的手段，所以每一次大战本质上都是资本的游戏。

快的与滴滴的背后是阿里与腾讯，但是斗地主怎么能少得了百度？2015年，百度就和Uber气势汹汹地来了。

BAT用最原始的方法圈定着未来世界的版图，他们疯狂地烧钱，点燃一个又一个火种，说不定哪个就能烧起一片燎原之势，于是便拿下了一座城池。他们攻城拔寨，不会就此停歇，他们的钱在等着创业者去烧，而且是迫不及待。

王健林和马云的一亿元赌局人们早已不再关心，而是更关心万达的动作。2014年万达和百度、腾讯达成协议：联手打造电商平台，一期投入50亿元。万达是绝对的传统企业，房地产起家，但是现在要做电商，还在时刻准备投资互联网。

2015年7月，万达以35.8亿元注资入股同程旅游。终于，王健林说自己不相信互联网但带个“+”他能相信。所以，他相信“互联网 + 商业”，于是做了电商；他相信“互联网 + 旅游”，于是投资了同程；他相信“互联网 + 电影”，于是整合了万达影院；他还相信“互联网 + 金融”，虽然现在还没有具体动作。

像万达这样的传统企业也在用自己的资本去铺建通往未来世界的桥梁，这座桥不会因为你是房地产商就会让你用砖搭起来，依然还是用真金白银。因为他们相信：淘汰你的不是互联网而是不接受互联网。新时代到来，他们用砖积累了真金白银，再用真金白银去搭一座桥，桥的那头叫移动互联网。

与日俱增的专业风险投资公司、昔日叱咤风云的互联网巨头、用“砖”建起商业帝国的传统企业，所有这些有资本的人，对未来有抱负的人，都挥动着手中的支票。他们翘首以待，期待着你的出现，拿走他们手上的支票为他们长远的规划和帝国的未来招兵买马。

所有的公司都想做百年老店，连街边的牛肉板面都打出旗号说距百年老店还有 98 年，而阿里还要做 102 年、做跨越 3 个世纪的世纪老人。然而技术的迭代只有几十年，我们前面说过每一次技术的迭代都会让旧的企业倒下、让新的企业崛起，这是自然规律。

所有有这个梦想的企业都深知这个规律，但他们没有信心打破这个规律，所以他们的战略就是，如果你将来注定要打败我，那我就趁你还没崛起的时候和你做个朋友。然而他们并不知道谁会成为那个天之骄子，成为那个横扫自己帝国的人，所以只好用最原始的方法——宁肯错投一千，也不放过一个。因为我有钱。所以你能看到他们各种战略布局，归根结底还是要入股，要和你做朋友、做伙伴。

挥舞着支票等待创业者，这种人现在遍地都是，这是一个投资人比以往任何时候都要多的时代。真的是“人傻钱多速来”吗？他们不是人傻钱多，他们只是想用这些身外之物，换来自己的江山永固。

从前，鲜有企业会去投资别人，传统企业更不会。我们看到的所有传统企业几乎都是白手起家，所有的互联网时代的巨头也都是千辛万苦找投资人。

但是，今时不同往日，现在的创业者面对着“比他们还多的投资者”。

以往你见过传统企业对初创团队的投资吗？以往你见过BAT出钱和你做朋友吗？以往你见过投资公司站在大街上挥动着支票找创业者吗？

现在，就是这样子：大把挥舞支票的人等着拥抱你。

3.2 让“天使”祝你圆梦

“我有好多社交创意，可没钱、没技术，我想做个APP，请问我该怎么创业呢？” 2015年5月，在武汉大学举办的“大学生微创业大讲堂”上，武大的何同学对着台上的3位拿下A轮千万风投的创业新锐提问。

“恋爱笔记”APP创始人、华中科技大学休学创业的付小龙反问道：“如你所说，你现在没钱，又没有技术，别人凭什么跟着你干？你又凭什么让合作伙伴认为跟着你干是有前途的？”

付小龙是一位年轻的CEO，曾获得世纪佳缘A轮1000万元融资。他继续阐述：“换句话说，你本身的‘价值’还没有达到可以创业的点。现在对你来说，提高自己的价值，为创业积累资本才更重要。”

创投界里充满太多的神话。最励志的是马云“5分钟说服孙正义投资3500万美元”的故事。这个故事后来升级到2.0版本，变成了“孙正义5分钟说服马云收下3500万美元”。其他大同小异的版本还有“6分钟”版与“2500万美元”版。5分钟还是6分钟不重要，谁说服谁不重要，重要的是数千万美元的投资到位，重要的是阿里巴巴的巨大成功。这个据说发生在1999年秋天的故事，被传诵至今，让无数创业者浮想联翩。

然而真实的故事是：2000年，马云偕同公司财务长蔡崇信（台湾人）远赴东京，在软银的办公室找到孙正义。他们此行的目的是从软银融资2500万美元。经过与孙正义几轮讨价还价（其中蔡崇信两次拒绝孙正义的出价），他们终于从软银获得了2000万美元的投资。

“风险投资”这一词语及其行为，通常认为起源于美国，是20世纪六七十年代后一些愿意以高风险换取高回报的投资人发明的，这种投资方式与以往抵押贷款的方式有本质上的不同。风险投资不需要抵押，也不需要偿还。如果投资成功，投资人将获得几倍、几十倍甚至上百倍的回报；如果失败，投进去的钱就算打水漂了。对创业者来讲，使用风险投资创业的最大好处在于即使失败也不会背上债务。

然而，风险投资青睐的是那些已经成立了的、项目潜力大的公司，说白了就是什么都不缺只缺钱大肆复制、扩张的公司。单笔投资少则几千万、多则上亿，对种子期的创客项目兴趣不大。

好在还有天使投资可以寻求牵手。天使投资指具有一定净财富的个人（或机构），对具有巨大发展潜力的初创企业进行早期的直接投资，属于一种自发而又分散的民间投资方式。天使投资人多为成功企业家及有闲钱的富有人士，可以是亿万富翁薛蛮子、雷军，也可以是你的邻居、家庭成员、朋友、同事、供货商或任何愿意投资公司的人士。

天使投资关注的是项目最前期，有产品模型与商业计划书即可。有时候，甚至于只要一个创意，连商业计划书也不需要——不过一般是针对熟人或行内名人。天使投资金额不大，少则十几万甚至几万，多的一般也不过几百万。

在国内，一批曾受益于天使投资和风险投资的企业家，在其企业上市或出售之后，手持大量资金，以天使投资人的身份再次投身创业圈，扶持在他们眼中富有潜在价值的初创期甚至是种子期的企业。像雷军、蔡文胜、沈南鹏、史玉柱、江南春、钱永强、周鸿祎、薛蛮子等一批具有代表性的具有成功创业经历的天使投资人，他们讲究广种薄收，往往一个项目成功就能弥补几十上百个项目的亏损。

天使投资一般分为三种：

1. 支票天使——他们相对缺乏企业经验，仅仅是出资，而且投资额较小，每个投资案约5万～20万；

2. 增值天使——他们较有经验并参与被投资企业的运作，投资额也较大，约20万～200万元；

3. 超级天使——他们往往是具有成功经验的企业家，对新企业提供独到的支持，每个案的投资额相对较大，一般是百万千万级别的。

创客想得到天使投资，流行的说法是找三个“F”——家人（Family）、朋友（Friends）和傻瓜（Fools）。一个自称为“傻瓜”的国内著名天使投资人是这么阐述他的投资标准的：“首先，你是一个聪明人；其次，必须要有诚信，这比智商还重要；第三，需要较高的情商，非常聪明但不懂和人打交道、不懂感受市场的人很难成功；第四，你是否对所做的行业有一往无前的痴迷，因为好运偏爱偏执狂。正如马化腾对产品经理的热情，李彦宏对搜索的热情，这些人都是死磕，他一定要干这个事。”

此外，该天使投资人还补充说：“创业者所做的产品，是要看到别人没有看到的趋势或者能创造一个前所未有的趋势，这个趋势不能是你自己的兴趣，我们希望看到真实的市场需求。”

如果你的项目符合以上标准，那就带上你的《商业计划书》和PPT，去寻找你的“天使”吧。记住，最好不要说“我就是下一个英特尔，我就是下一个马云”之类的话。“对于这样的公司，我们是不会投的，因为企业不是吹出来的。”清科创投集团创始人、CEO兼总裁倪正东曾经这么说。

3.3 人微言轻，如何让投资人注意到你

创客创业，最难的就是资金。初始阶段，产品可能只是一个雏形或者模型，甚至只是一个对新产品的构想和创意。也就是说，处于创业初期的公司，是风险投资人视为种子期的公司，每个投资于种子期的风险投资者都要冒着巨大的风险，因此，创客们想要获得投资就变得异常困难。

那么，人微言轻的创客们，应该如何说服投资人冒着巨大的风险给自己投资呢？

1. 准确的自我定位

创业者首先要对自己有一个清醒的认识：你的创业项目是一个什么样的项目，市场潜力有多大，需要多少资金才可以启动，与风险投资人之间以怎样的方式合作，等等。这些问题，在前期准备的过程中，创业者都要做到心中有数。

具体来讲，为了更准确地进行自我定位，创客首先要明白以下几个问题：

（1）项目前景

创业者在创业之前，先要做一些深入的市场调研，彻底弄清楚你的创意是否有市场价值，也就是说，能否在市场上得到一个好的收益。投资人首先看得到未来的收益，他们才会有投资的兴趣。

（2）产品需求

你的产品是大众需求还是小众需求，是强需求还是弱需求，再或者是高频还是低频的需求，等等，这些都要事先弄明白。当然，有些需求是可以被创造的，比如乔布斯就用产品创造了需求。作为风险投资人，一般都有能力判断创业者的产品是不是能够创造需求的产品，如果创业者有这个方面的能力，一定要展示给投资者。

（3）市场机遇

投资人还会看创业项目是不是抓住了市场上的新机遇，一般投资人会从垂直、细分、跨界、融合等角度来看。创业者在初期准备的时候，自己对这些也要有一个大体的了解。

（4）资金需求情况

创业前期，因为对产品的市场前景不敢确定，所以创业者很难合理确定所需要的资金。大体来说，你所寻求的投资额度，需要满足下列条件：不但能保证现阶段急需完成的任务，而且能保证相关业务有本质性的进展。

但是，钱不是越多越好。通常一个企业需要多次融资。如果第一次融资额过高，相当于二次融资的时候，门槛就高了很多。如果你对产品的市场潜力没有把握，那么融资的时候就要把握一个度了，否则，你将会无法收场。

（5）合作方式

合作方式方面，一般来说，风险投资人与创业者之间的合作方式有两种：一是风险投资者间接参谋型，二是风险投资者直接指导型。具体采用哪种方式，要根据创业者本身的情况、企业的情况以及投资人的情况具体来确定。多数创业者愿意选择风险投资人间接参谋型。但是，如果创业者本身在企业管理、财务、营销策划方面经验不足，那么选择风险投资者直接指导也是一种很好的方式。

2. 拟定《商业计划书》

创业者对自己有了一个准确的定位以后，就可以拟定《商业计划书》了。《商业计划书》是让投资人获得风险企业相关信息的最直接的方式。对于创业者来说，《商业计划书》是吸引投资者投资的关键因素，一份好的商业计划书意味着成功的开始。

一般来说，《商业计划书》至少应有以下几个方面的内容：摘要、公司的发展计划、公司的主要产品及其市场分析、公司的生产状况、公司的管理、公司的经营情况、公司的风险分析等。

具体操作的时候，《商业计划书》一定要简洁明了，一个50多页的PPT投资人是没有耐心看的。而且，《商业计划书》一定要有很强的逻辑性，简单地罗列事项，只会引起投资人的反感。

3. 选择风险投资人

创业者准备好了《商业计划书》之后，接下来就要寻找你的目标风险投资人。一个好的风险投资者，不仅能为创业者提供必不可少的资金，而且在创业者陷入经营困难时，还能用他们丰富的经验帮助创业者渡过难关。

在选择风险投资人时，以下几个方面，创业者一定要重点关注和了解：

（1）风险投资人的资金实力怎样；

（2）风险投资人主要的投资领域是哪些；

（3）风险投资人喜欢的介入方式，是直接介入型还是间接指导型；

（4）风险投资人是否有你所在行业的相关知识背景；

（5）风险投资人通常收回投资的方式是什么；

（6）风险投资人以往的投资经历。

只有对风险投资人的这些方面有所了解，创业者才能找到合适自己的风险投资人。

4. 与风险投资人的合作

风险投资人做风投的时候，有这样一个原则：宁可要二流的技术、一流的管理，也不要一流的技术、二流的管理。从这个原则上，足见风险投资者对创业者素质的重视程度。

“投资先投人”，风险投资不但是对先进的技术、广阔的产品市场的投资，主要投资目标是针对创业企业管理团队。风险投资人会考察创业者的自身素质和能力，自身素质包括忠诚正直的品德和宽阔的心胸。忠诚正直是做人的基本素质；如果心胸不够，这个企业一定做不大。而这些能力又包括以下两点。

一是卓越的领导者素质。

一个企业的领导者素质中包括自信、自强和一定程度的凝聚能力，超强的学习能力和执行能力，以及创业者是否具有在发展中的小公司里汲取多种力量的能力，是否有扛起整个公司前行的气魄，是否有信心有能力面对逆境，等等，这些都会成为投资者关注的焦点。

二是对业务的精通程度。

创业者必须熟悉自己所创建公司的业务，一方面，在后期管理上更容易掌控全局；另一方面，在与风险投资人探讨公司的情况、回答风险投资者提出的问题时，才能回答得详细而准确。创业者要告诉风险投资人，你的公司或者产品的竞争优势是什么；竞争对手在哪里；竞争对手在哪些方面做得好，哪些方面又做得不好；你的项目风险在哪里；创业项目的利润有多少，也就是产品的投资报酬率怎么样；等等。

另外，非常重要的一点，就是创业者要对资本有一个基本的敬畏：资本本身是逐利的，规则非常重要。所以，创业者在与投资人交流时，一定要跟投资者之间有一个明确的约定，把创业项目将来的利益结算情况约定出来，比如什么时候投资者才可以拿到钱，三年还是五年；能拿到多少钱抽身；等等。

创业者只要把创业产品的优势和创业者自身的素质完美地展现给投资人，对投资人的想法有一个深入的了解，尽管作为创客的你人微言轻，但说动投资人关注你，也不是很难的事。

3.4 创业未动，计划书先行

想独立创业的创客很多，真正创业成功的却很少。有的人明明条件具备却畏首畏尾，不敢迈出创业第一步，白白浪费了时机；有的人仅凭一时冲动，各方面未考虑周全就贸然出手，结果于左支右绌中黯淡收场。如果有一份完整的《商业计划书》，这两种情况都能够最大程度地规避。

亚信总裁田溯宁认为："没有一个计划模型而贸然创业是十分危险的。"一个酝酿中的项目往往是模糊不清的，通过撰写《商业计划书》，可以使一个完整可行的创业投资行为跃然纸上。就算你不需要通过《商业计划书》筹资、融资，这份写给自己看的计划书也必不可少。

盛夏的一天，一个高二男孩陪姐姐逛街，火辣辣的太阳晒得人头昏眼花。姐姐随后说："太阳这么大，逛街又累又热，好可怜哦，要是在家逛街就好了。"

说者无心，听者有意。这个男孩听了，回家就开始思考如何借助互联网实现"在家就能逛街"。

思索了一晚，第二天一大早，男孩就给几个志同道合的同学打电话。他们讨论了整整一天，最终决定模仿淘宝做一款O2O产品，但其与淘宝的区别有三：一是地域，淘宝覆盖范围的是全国，甚至境外，商品的交易依赖于快递，退换货极不方便，而他们只针对所在的县级市，送货、退货更加快捷；二是淘宝的店铺有不少是专业电商，而他们针对的是实体服装店——将实体店搬到网上，多一个销售渠道与宣传平台；三是盈利模式不同，他们靠收取成交价格的5%作为利润来源，同时兼做一些广告。

当不少"80后"还在迷惘时，这个"90后"男孩就召集了7个合伙人、凑齐了10万元的资金开始创业了。遗憾的是，项目运营4个月后，以亏损8万元而告终。

当你投入一次轰轰烈烈的创业之旅时，是否自问过：我真的准备好了吗？这个项目还有可以改进的地方吗？

上面所提到的项目实际上存在很多问题，可以说一开始就注定了失败。首先，一个不足10万人的县级市有多少家服装店入驻（市场狭窄）；其次，有多少用户会使用并喜欢这种体验（姐姐的一句玩笑不足以说明问题）；等等。而这些问题，如果在项目投入前写作一份详细的《商业计划书》，也许结果就会不一样了。

创业计划书是将有关创业的许多想法，借由白纸黑字最后落实的载体。归纳起来，它具有以下三大作用：

一、帮助创业者理清创业思路，为今后实战提供行军地图。《商业计划书》首先是对项目可行性进行客观论证，其次是对创业进行一次全盘检阅。一整套的行动计划，为企业提供了良好的效益评价体系和管理监控指标。也就说，能让创业者在创业实践中有章可循。

二、凝聚人心，吸引投资。《商业计划书》通过描绘新创企业的发展前景和成长潜力，能吸引所需要的人才。同时，这还是说服合伙人、天使投资人的有力工具。此外，入驻微企孵化园、获得政府创业直补以及各种优惠，多数时候都需要一份具有说服力的《商业计划书》。

三、化解风险、规避陷阱。一份详尽的《商业计划书》，就好像一份业务发展的指示图一样，它会时刻提醒创业者应该注意什么风险，规避什么陷阱，并提前做好了各种危机预案，降低了犯错的概率与成本。

可以这么说，《商业计划书》本身就是创业中至关重要的一个环节，不可省略，也不可随意应付。而且，建议创业者不要找人代笔，一定要自己亲笔写。如果对自己的文笔与表达不自信，可以在写好后再找人梳理、润色，但主导权一定要在自己手里。否则，无论是对内自我检视评价，还是对外筹资融资，《商业计划书》的作用都将会大打折扣。

作为商用文书，《创业计划书》有其固有的文本格式。一般来说，基本构成版块依次如下：

1. 封面

封面如人的脸一样重要。如果你想让你的计划书具有良好的第一印象，那么尽量在设计上花点心思，赋予其一定的美感。当然，也没必要过度设计、包装，做得浓妆艳抹、花里胡哨的。

2. 执行总结

执行总结也叫执行摘要或计划摘要，一般不超过 2 页。它涵盖了计划书的要点，浓缩了计划书的精华，用最简洁的文字力求让读者一目了然。因为是总结，所以要在写好正文后再写比较好。之所以放在正文的前面，是让读者在阅读正文之前对项目有一个基本认识。

3. 企业介绍

这部分主要介绍公司的一些基本情况，如公司的名称、地址、联系方式、宗旨，以及公司的发展策略、财务情况、产品或服务的基本情况、管理团队、各部门职能。

4. 行业分析

在这一部分，要客观评价所选行业的基本特点、竞争状况以及未来的发展趋势等内容。具体到行业分析，以下几点不可不谈：

(1) 该行业发展程度如何？现在的发展动态如何？

(2) 创新和技术进步在该行业扮演着一个怎样的角色？

(3) 该行业的总销售额有多少？总收入为多少？发展趋势怎样？

(4) 价格趋向如何？

(5) 经济发展对该行业的影响程度如何？政府是如何影响该行业的？

(6) 是什么因素决定着它的发展？

(7) 竞争的本质是什么？你将采取什么样的战略？

(8) 进入该行业的障碍是什么？你将如何克服？该行业典型的回报率有多少？

5. 产品（服务）介绍

产品介绍应包括以下内容：产品的概念、性能及特性；主要产品介绍；产品的市场竞争力；产品的研究和开发过程；发展新产品的计划和成本分析；产品的市场前景预测；产品的品牌和专利等。需要注意的是，产品说明最好通俗易懂，尽量避免专业词汇满天飞。

6. 人员及组织结构

在这一部分中，要对团队主要成员进行介绍，介绍他们所具有的能力、在本企业中的职务和责任、过去的详细经历及背景等。此外，在这部分创业计划书中，还应对企业组织结构做简要介绍，包括组织机构图、各部门的功能与责任、各部门的负责人及主要成员、报酬体系、股东名单、公司的董事会成员、各位董事的背景资料等。

7. 营销策略

这部分主要介绍企业的发展目标、市场营销策略、发展计划、实施步骤、销售结构、整体营销战略的制定以及风险因素的分析等。具体可以从营销方式、销售政策的制定、销售渠道、主要业务关系状况、销售队伍情况及销售福利分配政策、促销和市场渗透、产品价格、市场开发规划和销售目标等方面进行介绍。

8. 投资说明

包括资金的需求、使用以及投资的形式，如资金需求说明、资金使用计划及进度、投资方式、资本结构、回报、偿还计划、资本原负债结构说明、投资抵押、投资担保、吸纳投资后股权结构、股权成本、投资者介入公司的程度等。

9. 投资报酬与退出

主要告诉投资者如何收回投资、什么时间收回投资、大约有多少回报率等情况。

10. 项目风险分析

主要介绍本项目将来会遇到的各种风险，如资源风险、市场不确定性风险、生产不确定性风险、成本控制风险、研发风险、竞争风险、政策风险、财政风险、管理风险、破产风险等，以及应对这些风险的具体措施。

11. 附录

附录是对计划书中所涉及的某些内容的补充与延伸。由于篇幅的限制，或从阅读的流畅性考虑，有些内容不宜过多展开讲解。这些没有细谈的内容，或参考资料、图纸，安排在附录以备读者需要时阅读。

3.5 众筹是创客最重要的融资手段

如果你的产品能引起市场共鸣，众筹将成为快速引入现金流的有效途径。

众筹，也就是大众筹资的意思，英文名是“crowdfunding”，在香港称之为“群众集资”，台湾则叫“群众募资”。众筹的诞生，让无数创客的产品有了市场化的途径。你的创意、发明不再需要迎合大众，只要在海量的陌生人中有上百人或几十人支持你，你就可以梦想成真！

众筹注重的是创意，你的创意要能击中一部分人的内心，成功的希望就很大。无论是对于众筹发起人还是参与者而言，众筹都是极为亲民的。

23 岁的陈坦，从小就对发明制造感兴趣。上大学的时候，迷恋科技的他就想着要做点儿不一样的东西。大一时，陈坦在淘宝网上网购了单片机等材料，开始在网上学习编程代码：“网上有很多网络教育课程，比如网易、MIT，这些都可以学到很多前沿的编程语言。”陈坦成了典型的“宅男”，除了上课，其他时间都在鼓捣自己感兴趣的东西，一架四轴飞行器就是他练手的作品。

在 DIY 四轴飞行器的过程中，陈坦掌握了数据通信编程代码技术。他灵机一动，打算运用该技术做一台小型全自动激光雕刻机。在他的设想里，这台小型激光雕刻机比传统的工业级激光雕刻机更轻巧，价格也更便宜。只要在电脑中输入你想要的产品的图案，激光雕刻机就自动雕刻出成品。

经过一番努力，激光雕刻机的终于成型。要想把电脑里的模型变成产品并推向市场，当然少不了资金支持。陈坦是一个普通的大学生，根本没有启动资金。在朋友们的建议下，他决定通过众筹网站筹集资金。2014年6月，他把自己的产品模型挂到了众筹网站上，仅仅3天时间筹贷就突破了1万元，两个月的时间就筹到了8万多元。

陈坦意识到了激光雕刻机背后的商机，他对原有的产品进行了改良升级，并通过众筹网站售出去了80多台，除去成本他还小赚了一笔。

通过众筹，陈坦不仅完成了市场调查，还找到了他的第一批用户，这样就不需承担在仓库（甚至他的宿舍）中囤积大量雕刻机的风险。现在，他正在努力将产品更新升级，做得更完善、更完美，然后再进行规模化和产业化。

让我们分析陈坦利用众筹筹资，而非借贷以及寻找风投的好处。

首先，他募集到了启动的资金，却不用支付利息给放贷者，也无须出让公司的部分股权给风投。

其次，降低了失败的风险。通过客户拿着真金白银的投票支持，可以验证项目是否符合市场需求，大大降低了项目失败风险。众筹成功，说明产品被市场看好；反之，则说明成功机会渺茫，可以及时刹车。传统的创业一旦失败，极有可能陷入巨大的债务危机。而通过众筹来创业，如果在规定时间内没有募集到规定的目标金额，发起人破财也是非常之少。

再次，众筹的过程也是最佳的产品改进机会。创客发帖说明自己的创意，围观者发表评论，创客做出回应。创客也可在频繁的互动中不断地改进产品。

最后，公开众筹也是一次绝佳的广告，而且是免费的。通过众筹平台的路演，还可以帮助发起人获得第一批忠实粉丝。

综合以上四点，众筹不仅是一种创新融资方式，还是一种创新的商业模式。双重的创新加上创新十足的创客，何愁创造不出一片全新的天地？

2015 年 3 月 18 日，曾德钧制作的猫王 2 收音机登陆京东众筹平台。以美国 20 世纪 30 年代收音机为原型，由生于 1957 年的曾德钧经过 27 道全手工工序制作，该收音机可谓融古典外形与现代内核于一身。

猫王 2 收音机每台定价 1998 元，首批 1000 台，8 天售罄，又追加了 800 台。4 月 30 日，众筹第 43 天，1800 台猫王 2 收音机提前售罄，销售金额约为 360 万元。

曾德钧痴迷制作收音机数十年，从 2005 年起就开始将 DIY 收音机卖给发烧友。这一次众筹来的业务量，比以往几年加起来还要多。随着众筹的成功，该款收音机登陆京东，售价高达 2598 元每台，仍然受到热烈追捧。

众筹可以分为四类：产品众筹、债权众筹、股权众筹、捐赠众筹。

产品众筹：也叫回报众筹，是投资者对项目进行投资，获得其产品或服务的众筹方法。例如猫王收音机采取的就是产品众筹模式。

债权众筹：是投资者对项目进行投资，获得其一定比例的债权，未来获取利息收益并收回本金的众筹方法。

股权众筹：是投资者对项目进行投资，获得其一定比例的股权的众筹方法。这有点像风险投资，只是募集对象是不特定的公众。一度在全国流行的“很多人的咖啡馆”即是属于股权众筹。

捐赠众筹：是投资者对项目进行无偿捐赠的众筹方法，这种众筹一般是公益性的。一般由红十字会之类的公益机构发起。

在以上四种众筹中，创客们经常使用的是产品众筹。产品众筹能帮助创客筹集到实施创意的资金和资源，所有支持者都可以根据事先约定好的回报方式和内容，获得诸如实物产品、优惠购买权、优先购买权和参与项目过程的优先权等。对于参与者来说，产品众筹多数时候门槛不高，人人都能参与。从众筹到众治、众享，所有参与者收获的不仅仅是作为产品的实惠，还得到了心灵上的满足。

产品众筹与团购不同。产品众筹中所谈的“产品”是指还未面世的新产品，可能只是个具有可行性的初步创意，由于缺乏资金尚未投入生产，而团购中所指的“产品”是现成的、成熟的、批量生产的产品。这也就决定了在团购中，参与者只是单纯地获得这一产品，并未参与到产品前期的任何环节中；而在产品众筹中，支持者不仅可以参与一到新产品的设计、生产的过程中，而且可以对新产品的性能或服务提出自己的意见。

以目前全球最大、最知名的众筹网站Kickstarer为例，它有13类项目分类，其中包括电影、音乐、技术、设计、食品等。实际上Kickstarter在2009年成立后至今的7年中，已经帮助发明家们筹集了高达17亿美元的资金。而这其中科技产品的筹资占了很大比重。

国内目前众筹平台很多，自2011年众筹登陆我国，截至2015年7月底，据不完全统计全国共有正常运营众筹平台224家。其中，比较有名的有点名时间、天使汇、原始会、大家投、天使客、众筹网、追梦网、淘宝众筹、乐童音乐、京东众筹、中国梦网、淘梦网等。

点名时间是首个将产品众筹引入中国的网站，但是在2015年8月却宣布转型为电商化的智能硬件限时抢购平台。

新崛起的产品众筹网站有淘宝众筹与京东众筹。淘宝众筹于2013年11月上线，它是淘宝推出的预购平台，各行各业的人可以在淘宝众筹平台上发起预购筹款需求的项目，并承诺提供不同形式回报给支持项目的支持者。淘宝众筹支持科技、农业、动漫、设计、公益、影视、音乐、书籍、游戏等类别的项目，其主要为项目发起人和项目支持者之间的交易提供平台网络空间、技术服务和支持服务。代表项目有 Yolanda 智能体质管理方案，是一项科技类项目，共筹资 233.7579 万元，项目完成率为 23375%。

京东众筹于 2014 年 7 月 1 日正式上线，其支持的项目类别包括智能硬件、流行文化、生活美学、公益等，代表性项目为一个名为悟空 i8 智能温控器的智能家居产品，项目共筹资 1245.8995 万元，项目完成率为 24918%。

2015 年上半年众筹行业总成交额逾 50 亿元。而在 7 月，成交金额达到 23.61 亿元，按照这一趋势，行业全年交易规模可到 156 亿～ 200 亿元。而根据世界银行发布的报告，2025 年全球众筹市场的蛋糕将达到 3000 亿美元，发展中国家将达到 960 亿美元，中国分得的“蛋糕”将达到 500 亿美元。

一般来说，一次完整的线上众筹的流程如下：

1. 准备阶段

第一，要弄清楚发起众筹的目的或目标是什么，不能为了众筹而众筹。

第二，根据众筹目的选择对应的众筹模式，比如大多数创客的目的是为了推广产品与募集部分制作资金，就适合做产品众筹。但如果你想就此走上创业之路，也可以选择股权众筹。

第三，根据众筹模式选择具体的众筹方式和路径。在确定了众筹模式后，要考虑选择什么样的众筹方式和路径，是选择运用第三方众筹平台做，还是自行利用 SNS 社交平台发起众筹。一般来说，选择众筹平台来做相对容易成功，毕竟平台上的流量大，潜在支持者也相应会多一些。

第四，设计好回报方案。众筹不是捐款，所有支持一定要设有相应的回报。就算是公益性、捐赠性的众筹项目，他们也得知道钱都花哪儿了，有没有花对地方。发起人对回报的设置也是吸引支持者的一点，要尽可能地让价值最大化，并与项目成品或衍生品相配，而且应该有 3 ～ 5 项不同的回报形式供支持者选择。

2. 融资阶段

第一，让受众在短时间内了解你的创意或产品。图文并茂，尽量用简单的几句话让受众理解产品。如果能讲一个好故事，那就是锦上添花。在Kickstarter上成功众筹到2.4万美元的RyonLane认为："一个视频就会很不错，只要它能有效地传达出你的产品是多么的棒，而你的信誉又是多么的可靠。"他是一名律师，也是一名创客，他众筹的产品是一款自己设计的瑜伽垫。

第二，融资目标尽量调低。理由很简单，目标低更容易达成。此外，如果你的目标是5万元，最终获得了11万元，其宣传效果要远好于目标是10万元，最终获得了11万元的项目。目前，国内众筹平台上的项目众筹总额一般在10万～1000万元。项目方可以根据项目情况制作一份完整的资金需求表，以确定自己需要的资金最小额。

3. 经营阶段

众筹的投后管理是非常重要的。首先，项目运行要有透明度，人、财、物的管理要完善。其次，尽可能地保证项目稳步进展，在承诺的时间内兑现支持者的回报。回报一定不要延迟，否则会引起支持者的不满，并有损你的信誉。

相比国外的众筹，国内众筹更注重保护支持者。国外项目成功了，马上会给项目发钱去执行；国内则会分成两个阶段，先付50%的资金去启动项目，项目完成后，确定支持者都已经收到回报，才会把剩下的钱交给发起人。

在产品众筹项目的实际运作中，的确有一些众筹项目会出现筹资成功后却未如期交货，或者无法成功生产的情况。万一出现此类情况，需及时与各位投资人联系，并积极公布项目情况以及解决方案。

3.6 众筹传播：酒香也怕巷子深

“酒深不怕巷子深”的时代早已远逝。再好的产品，没有广泛、有效的传播，成功概率就会大打折扣。很大程度上，传播的宽度与深度决定了成败。

众筹的推广是一个系统性的工程。创客们需要从以下几个方面着手，去精耕细作。

1. 对项目进行预热

每一个成功众筹，几乎都是在申请之前就已经有了一定的拥趸，或者有一些知名度很高的人可以为产品做推荐——这些人是最早的捧场者和传播者。当你的众筹项目上线，这些人会帮你摇旗呐喊。“三个爸爸”在京东众筹之前，又是找儿科教授为产品背书，又是找创业界大佬进行“内测”，还给几位有孩子的影视明星送去了“内测机”，请他们在微博造势。结果，在1个月内筹资额度高达1000多万元。

普通的创客也许没有他们那么多资源，但亲戚朋友圈子首先得发动起来，并且在各种你能想到的渠道跟关注者谈论自己将会提供的产品，向他们汇报项目的最新进展，让他们在项目上线之前就产生兴趣。

2. 利用网络社交媒体传播信息

新浪微博、微信朋友圈、豆瓣小组、QQ空间、QQ群、人人网……所有你能想到的社交工具，你都不要放过。众筹平台有一键式转帖，点一下图标就可以方便快捷地将链接分享出去。《社交红利》一书的出版众筹发起之后，作者徐志斌利用这些方法，在2周内就获得了3000多个粉丝。

借力网络大V与微信公众号也是一个不错的办法。有不花钱的渠道更好，如果没有，适度进行付费营销也是可以考虑的。

此外，综合性的大论坛与行业论坛也需要重视。你的小众用户隐藏在大众之中，你需要让更多的人看到项目信息。

3. 请平台协助自己

众筹平台本身就是一个流量很大的宣传阵地，加上他们自身还掌握了大量的宣传资源。因此，在项目进入宣传推广阶段时，多和平台对接人沟通，请求他们提供支持资源、加大支持力度。

只要项目的开局还过得去，有一定的成功希望，平台方会乐意给你提供支持，因为他们也需要更多的成功案例。

针对以上几个重要的点，在众筹未上线之前就要做好营销方案，胸有成竹、有的放矢、步步为营，而不是临时拍脑袋，东一斧子西一榔头。

3.7 节省每一分创业资金

从开张那一刻起，公司的命运就进入了倒计时状态。沙漏里不停地流出公司账户里的钱，而你必须在耗光之前让公司具备盈利能力。

蒋晖在读大四时，因为一个创业点子被某大老板看中，投了300万元的天使投资，股份对半分。在公司成立3年后，蒋晖在网上发表了一篇《实战心得：年轻人创业的困境与无知》，其中有这么一段是这样写的：

> 我的第一个100万元是以单位“万”来花的，一掷万金； 第二个100万元我学会了以单位“百”来花，知道钱要花得对才行了；而第三个100万元我才知道钱应该按单位“元”来花的，因为赚每一元钱都是很难的。
>
> 马云说过，他们成功的一个大原因是因为他们没钱，因为没钱所以一直省钱。我们一开始的确“太”有钱了，眼中只有美好的一面。刚刚讲到我们30人的时候每个月要花到10万元，成本很大，更可怕的是没有收入！

蒋晖可谓少年得志，在拿到300万元的投资之后，用50多万元签订了设备长期租赁合同，又组建了一支以硕士为主的30人超级团队（搬运工也是硕士），采购上也是大手大脚。结果不到一年就烧了100万元。眼看资金的沙漏日夜不停只漏不进，他只好大肆裁人、换人。30个人变成10个人，搬运工变成高中生……一番闪挪腾转，在300万元即将枯竭的前夜，终于让公司扭亏为盈，并稳步上升。

蒋晖感慨地说：如果让他重来，他保证只要200万元就能做好这差不多烧掉300万元才成功的项目。

人生不能重来，蒋晖用100万元买来的沉痛教训，希望能警示每一位后来者。对初创企业来讲，百事待举，处处都要花钱。房租、装修、办公家具、办公电脑、办公耗材、员工工资预留、业务费、运营费、水电费、电话费、网费、差旅费、招待费等，每一个环节都需要尽量节省。通过节省来降低成本，可以增强产品的价格竞争力。

海外温州商人，巴黎飞天公司总经理张远亮说：

> 我初创业时租的就是那种最便宜的顶层小阁楼，30平方米，一台机器每天转，再加一张桌子，晚上用来睡觉，白天用来做工。工人是回乡找的亲戚朋友。我们来巴黎的温州人几乎都是这样：不断从家乡找来兄弟姐妹一起做，所以很多人出来的时候孑然一身，回乡探亲时已经是妻儿亲戚十几口人。我们起初甚至捡来犹太人扔掉的布头或碎皮，做成小钱包出售。同样一条皮包，别人卖25块，我卖20块。压低了成本和价格的货品，市场很快就光亮起来。

笔者认识的不少朋友，第一次创业用的都是二手办公家具。每天都有新公司开张，也有旧公司歇业，这些歇业公司的各种办公家具与设备非常齐全而且便宜。要是打包买，八九成新的家具价格是新家具的1/5。此外，有些公司搬家、或家庭更换新家具时，总会处理一些旧的办公家具，价格会非常便宜。除非对硬件要求很高，否则电脑也可以在网上买二手的，一台同等配置的电脑，假设全新的是3000元，买八成新的一般500～800元。如果碰上大学生毕业季，总是会有不少性能好又便宜的电脑低价出售。这种信息网上很多，只要勤搜索、勤跑，相信会给你惊喜的。

你确定你每个员工都需要一台电脑、一张电脑桌、一把椅子以及一个一平方米的工位吗？你算过写字楼的日租金是多少吗？往外跑的业务员几人合用一台就可以了。如果这也没必要，让他们站着就是了。固定资产会伤害你的财务健康，一台电脑除了花费你一次性数千元的投入，还给了员工一个假装工作的道具。一台打印机除了经常花费你的维修费用，还在吞噬你的纸张和喷墨。减少硬件投入，也就是减少各项折旧费用，把文印业务外包吧。当然也不能买公车！你可知道车一买回来就不值那个钱，养一台车比养一个员工还贵，让他们打车吧！

如果你的企业必须养着几辆车，那你要小心了，它们的维修费、燃油费、过路费、养路费和保险费都会变成你的负担。所以，管好车就能省下不少钱。司机要承担一定的责任，以该车的耗油量定出一个月使用额度来，司机要承担超额的费用。指定维修厂家，更换的元件要交还公司。当然，最好是让员工自己打车，但出租车票需要写明去哪儿找谁做什么，需要经理签字才能报销。

以上说的是固定投资的节省，人力成本也是一个必须考虑的问题。对于一个初创的企业来讲，没必要建立系统而全面的人力资源配置。有些不是经常用得上的工作，可以考虑外包。养一个人，哪怕月薪2000元，加上五险一金、必要的福利，实际开支也会是3000元左右。

我们前面说过的蒋晖，公司开业后人员很快就达到30人，一堆“行政”，各个岗位分工很细，公司的构架是从管理学图书上学的。结果一个月的人力成本要十几万元（2005年）。后来烧钱烧得实在心慌，就大举裁人，只剩10个，并将一些不重要的岗位换成低学历人员以达到降薪目的（看来他当时不是以岗定薪而是以人定薪）。作为创业者，身兼数职，加班工作应该是正常情况。在蒋晖的裁人行动中，仅有的两个设计人员都裁掉了。他在一个星期内学会了 PS 平面设计、视频制作，自己往上顶。除此之外他又兼客服（前台被裁）和后台流程监督（专人被裁）。除继续管理业务员外，他还见缝插针外出跑销售。这样的结果是：在没有影响公司正常运行的基础上，每个月节省了约 70% 的人力成本。资金的沙漏流速大减，扭转局面的空间陡增。

总之，一定要养成节俭的习惯。大至出差的交通食宿，小至办公室的水电纸张，都要算细账。再小的开支，对整个公司的长期运营来讲都是不小的数目。对创业而言，任何“昙花一现”的壮观都比不上创业成功更有面子。生存第一，剩者为王，只有先存活下来并努力长大一点才能成功。否则，所谓的面子都是无本之木。

成功的企业家都会不断地向他的员工灌输低成本的观念。石油大王洛克菲勒曾经质问一个炼油经理：“你们提炼 1 加仑原油为什么要花 1 分 8 厘 2 毫？东部的一个炼油厂干同样的工作只需花 9 厘 1 毫！”这不仅仅是 9 厘 1 毫的区别，而是成本翻倍的区别。

春秋航空是著名的低成本航空公司，他们的航班只免费提供一瓶 300ml 的水，盒饭需要另付费。春秋航空董事长王正华规定，管理层国内出差须住三星级以下的酒店，出国会更惨——坐地铁，住地下旅馆，吃方便面。

创业之初不赚钱是正常的。如果你学会节省，那么省钱就是赚钱。你每省下的一分钱，都将是你鏖战商场的子弹、粮草。

<<< 第四章

整合资源为己所用

你浑身是铁，打得多少钉儿?

君子要善假于物，善于借助外界、整合资源为己所用，他的能量可谓无穷无尽。

不少颇有成就的创业者早期所能获取与利用的资源都相当匮乏，而成功的关键在于创造性地整合和运用资源，尤其是那种能够创造竞争优势，并带来持续竞争优势的战略资源。

4.1 联合创业时代，别单打独斗

说起醋溜，你也许会想起朱德庸的书，但现在，如果你用过“十句话”“十幅图”系列产品或者楚楚街的话，就是醋溜科技产品亿万用户其中之一了。吕晋杰把几年前偶得的一个名字做了自己公司的名称——“醋溜科技”。

吕晋杰曾经是中国万千站长中的一个，后来在人人网开发了一些小应用，积累了很高人气，拥有1500多万的粉丝。研究生毕业后，让吕晋杰发愁的问题是就业还是创业。

其实，先就业还是先创业，这是一个伪命题。在中国，你就得具体问题具体分析。在大型公司工作的经历，带给你的无疑会比你想象的要多得多。当然，时不我待，机会稍纵即逝，创业也要趁早。

2011年年初，吕晋杰决定辞掉咨询公司的工作，正式走上创业打天下的艰辛道路。在咨询公司工作了一段时间后，吕晋杰学到了很多东西，但是也错过了很多机会。

吕晋杰起初找合伙人时，方法有些与众不同，他首先跟人谈的是困难而不是许诺，其次是看人品和抛弃一切的创业心态。吕晋杰没名没势更没钱，请人入伙只能靠梦想和价值观。即使这样，他还是“忽悠”到了人，这人就是他的高中舍友。

吕晋杰找到自己高中的舍友，曾就读于武汉大学计算机专业，现在在深圳工作。舍友新婚燕尔，刚刚买房买车，工作也稳定下来。但当吕晋杰把创业的想法告诉他时，舍友很认同他的想法，两人居然一拍即合，前后不到半个小时就决定“抛妻弃子”北上创业了。

于是，两人跑到北京，租了个地下室，就开始创业了。舍友的妻子也跟着来到北京，找工作就用了半年，这期间一直用存款度日。所以，他们是破釜沉舟，一旦失败，不，是不能失败！一穷二白的创业环境，支撑他们挺过来的除了梦想，就是埋头苦干做产品了。

很快他们就推出了“十句话”“十幅图”等系列产品，进驻腾讯开发平台不到半年，就积累了1亿用户。随后，又创办了楚楚街导购平台。2015，用户活跃量仅次于京东和阿里系列，进入移动购物应用前5名。

吕晋杰坦言，创业最大的困难以及最大的财富就是找合伙人，寻找一位合适的合伙人和寻找合适的伴侣一样重要。想要走得长远，想要团队不会破裂，就不能靠“相亲”和“一见钟情”，得需要价值观和梦想。

人们在工作中的各种决策判断和行为，都有一定的指导思想和价值前提。管理心理学把价值取向定义为“在多种工作情景中指导人们行动和决策判断的总体信念”。

诺贝尔经济学奖获得者、著名心理学家西蒙认为，决策判断有两种前提：价值前提和事实前提。说明了价值取向也就是价值观对于团队领导的重要性。

库克在接受采访回忆乔布斯的时候，记者问是不是有些乔布斯的东西不会再坚持？库克只说了一句：苹果，除了价值观，其他都可以变。苹果每天都在变，乔布斯在的时候是这样，不在的时候也是这样。

所谓道不同不相为谋，创业找的是志同道合的伙伴而不是利益投机者。

因此，团队的价值观就显得无比重要。

单打独斗的创业时代已经过去了，联合创业的时代来临。招募到有相同价值观、最顶尖的互补的团队，并不意味着你就能成功，甚至走下去都不一定。对部分创客而言，寻找志同道合的合伙人的难度似乎不亚于“相亲”。移动互联网背景下的创客创业对团队组成提出了更高要求。线下渠道拓展慢且费用不菲，创意产品更多地会选择线上推广，因此迫切需要擅长APP（移动应用程序）运营的成员，同时，硬件高手、互联网技术人才、有电商资源的团队成员也不可或缺。

4.2 合伙：坑永远都是那些坑

早在 2002 年年初，哈佛大学两位教授做了一个研究，他们调查了 5500 多家创业型的企业，其中约有 44.6% 的创始人都因为各种原因被董事会踢出局。这说明创业分手并不仅仅在中国高发，也是全世界创业型企业都面临的问题。按照投资人的说法，“坑永远都是那些坑，只是每次摔倒的人不同而已”。

1. 兄弟情义，更需要一纸协议

微洗衣是一个家政行业 O2O，提供上门洗衣等服务，仅仅上线第一天就有 200 多单业务，上线 20 天就创造了 2500 万元估值。然而，就是这样一个前途无量的项目却在半年后失败了。

创始人刘晓峰是著名咨询公司托马斯国际的顾问，因为天天都需要西装革履，常被洗衣问题困扰。而且他发现洗衣行业利润很高，所以决定创业。首先，他找了两个 MBA 的朋友来入股，但两人都是兼职，并不负责实际业务。后来，刘晓峰又招来了有实际经验的尤志雄。

因为刘晓峰两个朋友都不负责实际业务，于是刘晓峰降低了他们股份。而尤志雄因为只是在口头上得到了一些股份，工作了一段时间后就愤而回老家了。刘晓峰又招来两个合伙人，其中一个因为出资较多股份和自己相当。

由于股权结构混乱，而且没有正式的法律文件，合伙人决定对股权进行优化。想将刘晓峰的两个朋友踢出局，刘晓峰不愿意，为此几人之间争吵不断。终于，大家都无心再继续项目，决定将公司清算。最后，微洗衣变卖了所有家当，加起来不过 10 万块钱。

微洗衣失败，源于缺乏规范，过于松散。一些年轻创业者常常因为一起创业“兄弟情深”，忽视签订书面协议，最后在各种利益诱惑前反目内耗。

在发达国家，尤其像美国，创业小伙伴首先会签订一个发起人协议书。协议书的内容一般有十几章之多，未来发展过程中最关键的东西都会在其中界定下来：比如说谁拿多少股份，这个股份是一次性给你还是分期给你；你需要在这个企业工作多长时间，中途要退出的话，怎么退出去；在这个公司期间，能不能做竞争性工作……这些问题，中国的创始团队早期根本不会想，他觉得几个哥们儿一起干就干了，早期的协议也就是一锤子买卖。

中国是人情社会，大家都习惯于碍着面子保留真实想法，好像协议会让朋友关系生分。然而，缺少了一纸协议对于彼此的权责约束，面对利益直面争抢，遇到困难各自逃离，丑话不说在前面，只恐最后连兄弟都做不了。

在西方做得比较好的例子是，创始人股权会有一个分期兑现的过程，假设你要拿 25%，要求干 5 年，每年 5%。如果你 3 年后走了，就只能拿到 15%。还有一种情况是，预留一部分股权给未来的新团队成员。创业是不可预期的，分手是常态，关键是要在创业之初讲清楚怎么分。在中国式创业中，这种事先约定的制度往往缺失。

2. 均分股权，利益当前鸟兽散

“西少爷肉夹馍”的 3 位“少爷”孟兵、宋鑫、罗高景 3 人在 2012 年年底的西安交通大学北京校友会上认识。已在投资机构工作 3 年的宋鑫，有了想要出来创业的想法，于是通过校友会的关系认识了有技术能力的孟兵等人。3 人一拍即合，第二年 4 月份，成立了名为“奇点兄弟”的科技公司。由于孟兵承担了主要的产品研发工作，因此孟兵、宋鑫、罗高景的股权分别为 40%、30%、 30%，孟兵担任公司 CEO。

接下来的发展出乎意料的顺利，第一家西少爷肉夹馍门店在北京五道口开业，并因为一篇《我为什么辞职卖肉夹馍》一举成名。据宋鑫回忆“每天都有很多人排队来买，整个团队一下有了种明星的感觉”。开业一周后，便有多家投资机构上门，最高给出了公司8000万元的估值。

但伴随成功和财富而来的却是分歧的产生。如今，知乎上还留着两方各执一词的辩论，既有因众筹股份而起的纷争，也有关乎各自贡献的对抗，谁是谁非，外人很难辨别。但结果却是矛盾如火山般爆发，经大股东孟兵、罗高景以及后来加入的袁泽路投票，宋鑫被迫离开公司经营管理层。

据孟兵介绍，几位创始人在创业初期曾签署过一份“行权协议”，约定了联合创始人如何退出团队，以及相关的利益和责任。看起来，这个合伙充满了理性的成分。然而，经历了兄弟对峙、公堂相见、品牌裂变等一系列问题后，无论是孟兵还是宋鑫，都认为创业初期设置的4：3：3的股权比例，为后来的分裂带来了隐患。

孟兵在接受媒体采访时曾表示：“这个事给我最大的经验是，股权的平均化是不可取的，会给公司埋下一颗定时炸弹。”一方面在这样的股权结构下，只需任意两方投票通过，第三人就将面临被迫出局的尴尬局面。另一方面，由于没有任何一方拥有绝对的话语权，对重大事项进行决策时的效率也会受到影响。

从企业运营和管理效率的角度上看，风投通常倾向于公司有一位拥有绝对话语权的创始人。每经历一轮融资，都会有新的投资人进入，投资人方面会有越来越多的声音，此时公司这边就需要一个统一的声音，便于大家协调，也提供给投资人一个固定、明确的对接者。

而很多创始人开始创业时没有意识到，随着一轮轮融资，创始人的股份会不断被稀释，很多公司IPO之前创始人可能就已经不是控股状态，这是很正常的。新的资本和入场者会对公司的格局造成一定冲击，在这个阶段，脆弱的合伙人关系和公司结构将面临崩塌的风险。

3. 在商言商，面子人情要抛光

在电影《中国合伙人》中，关于新梦想上市问题的最后一次激烈冲突，成东青利用职权对孟晓骏的反击，表面上是观点分歧和治理问题，而行为结果是背离了朋友之间互惠互敬的基本原则，伤了面子。

不要让冲突伤了面子，面子比信任更重要。鲁迅先生说过，面子是中国人的精神纲领。尤其是在圈子内部，面子是朋友之间的互惠和互敬，是个体社会认同的重要来源。这是中国不少创业团队本不该散伙但不得不散伙的重要原因，在中国文化的大背景下，针对重大战略问题和重大分歧，采用让步式冲突策略，台面上不硬顶而在台下沟通，可能会更有效，利用信任机制来化解面子问题。

永远别跟好朋友合伙开公司，这是大多数受挫创业团队的感悟，因为失去情谊便失去了未来。据不完全统计，近乎 50% 的团队创业的失败原因，不是其他，是团队失败。但这又是悖论，因为如果不跟好朋友开公司，可能会死得更快更惨，尤其是在中国，你又不得不选择跟好朋友合伙开公司。当兄弟情分与商业利益碰撞，当关系信任与创业挑战狭路相逢，该如何权衡，这的确不是一件容易的事情。

在兄弟合伙这件事上，共学、适道、与立、与权，皆是学问。

真格基金创始人著名天使投资人徐小平曾经说过："创业的基础其实只有两个，一个是团队；一个是股权结构。"

就像是一艘万吨巨轮昂扬出海，人们竞相准备买票上船，如果它既没有发动机（团队）做基础，也没有安全的骨架（清晰的股权结构）为依托，注定只能顺势漂流，稍遇风浪便会葬身汪洋大海。

4.3 借用孵化器的力量

除了一个好的创意和一腔热情，很多创客创业者在企业管理、融资、市场营销等方面，几乎都没有什么经验。如果没有外力的支持，创客创业的成功率非常低。

如果你是一个创客创业者，如果你没有资金、没有经验、没有市场……那么，不妨考虑一下依靠企业孵化这一平台的力量。

> 企业孵化器，是指一个集中的空间，在企业创办初期举步维艰时，提供资金、管理等多种便利，旨在对高新技术成果、科技型企业和创业企业进行孵化，以推动合作和交流，使企业“做大”的平台。
>
> 美国孵化器专家鲁斯坦·拉卡卡认为：“企业孵化器是具有特殊用途的设施，专门为经过挑选的知识型创业企业提供培育服务，直到这些企业能够不用或很少借用其他帮助就能将他们的产品或服务成功地打入市场为止。”

在国外，商业孵化器已经有了比较长的历史，孵化模式也比较成熟，因此，也获得了众多创业者的青睐。大名鼎鼎的 YC（Y Combinator）孵化器平均每分钟就会收到一封创业者要求加入孵化器的申请，YC 孵化出的企业的总价值更是高达 80 亿美元之多，平均每家公司的价值都超过了 4500 万美元。

孵化器不仅在帮助创业公司获得融资方面发挥着越来越重要的作用，而且，孵化器更像是一所创业企业培训学校。在这里，创业者可以获得创业导师、投资人、各领域专家的亲身指导，从而降低创业的风险。在很多创业者眼中，商业孵化器已经取代了 MBA，成为获取商业资源的首选。孵化器的资源平台，让创业者在起步之初就站在了巨人的肩膀上。

在中国，企业孵化器也称高新技术创业服务中心，它通过为新创办的科技型中小企业提供物理空间和基础设施，提供一系列的服务支持，进而降低创业者的创业风险和创业成本，提高创业成功率，促进科技成果转化，培养成功的企业和企业家。目前，中国国内大的创客空间都兼具企业孵化器的功能。

那么，面对众多的创业孵化平台，创客创业者们又该如何选择呢？

我们先从国内孵化器的现状来分析一下：目前，国内的企业孵化器大致分为两种——综合性孵化器和垂直孵化器。

1. 综合孵化器

综合型孵化器面对的对象以互联网相关行业为主，包括移动互联网、智能硬件、O2O 等相关领域。其中规模较大的有创新工场、清华科技园、海南生态软件园、联想之星、3W 咖啡、车库咖啡、天使汇、创业家、36 氪等众多平台，这类孵化器大多集中在中关村。虽然同为综合孵化器，但这些平台又可以分为几个不同类型，提供的资源也不尽相同。

（1）以清华科技园等为代表的创业园区

主要为入驻其中的企业提供软件方面的相关服务，比较适合以科技创新为主的创客创业企业。

清华科技园紧邻清华大学、北京大学，数十个国家工程研究中心、国家重点实验室和开放实验室遍布周围，拥有强大的人才资源。创业团队通过清华科技园能够招募到众多一流的科技人才。

目前，清华科技园拥有大量的高新技术企业，超过 100 家创新企业拥有核心技术和自主知识产权。以技术为主导的企业在清华科技园很容易快速成长，同时企业还能够获得清华科技园在资金等方面的大力支持，入驻园区的企业在基础设施建设、人才引进、财税管理等方面也都享有一定的优惠政策。

（2）以政府投资为主导的园区

这是综合性孵化器的另一部分。在这里，政府划好特定区域，邀请企业入驻，并提供一定的扶持政策。海淀生态软件园就是其中的代表。

海淀生态软件园是由海淀区政府投资主导并提供场地的园区创业孵化器，既然是政府投资主导，在创业孵化上自然是政策上占有优势，入驻这里的企业在融资、贷款、纳税等各方面都能享受到一定的优惠政策，同时能够及时了解到国家科技部、地方科委等部门最新的政策资讯。园区还会通过管委会为公司及其产品做一些相应的推广和宣传。

以政府投资为主导的园区，比较适合前期资金实力不是很雄厚的小规模企业。

（3）以3W咖啡、车库咖啡、天使汇、创业家、36氪等为代表的创业服务交流平台

这些多是由其他实体延伸出来的，最重要的是这些平台都有非常好的创业氛围，给创业者和投资人提供一个可以相互交流的平台。

在这些平台上，创业者可以结识其他的创业者，能接触到更新鲜的创业理念和创业项目，还能够遇到好的天使投资人。创业者有可能在这里找到适合自己的天使投资人，也有可能找到适合自己的创业合作伙伴。而投资人也能够借助这些平台找到更好的项目。

圈子很重要。对于初创企业来说，这样的平台是一个非常好的圈子，能

够加入其中，将会在人才、资金、经验等方面获得各种所需资源。

联想之星和创新工场是综合性孵化器中的两位佼佼者，创新工场侧重于投资方面，而联想之星则偏重于培训辅导。

创新工场和联想之星都拥有专业的管理、法律和技术团队，他们会指导和帮助创业者一同解决在创业初期遇到的各种问题，让创业者顺利度过企业的“婴儿期”。

在资金方面，创新工场和联想之星都拥有强大的实力，创业者遇到资金困难时，他们会直接投资。当然他们也会拥有一定的控股权，这是创业者事先必须考虑清楚的问题。同时，他们为创业者提供场地以及配套服务，这些服务主要针对自己所投资的企业。

2. 垂直孵化器

相对于综合性孵化器来说，垂直孵化在专业化方面要更强一些。

目前国内的垂直孵化器不是很多，F Camp 可以算作这类孵化器的率先发起者。F Camp 专注于时尚领域的互联网相关领域的孵化，他们在相关方面给出的培训要更加精细化、专业化。

目前在垂直孵化领域，玖富算是垂直孵化领域的杰出者。玖富专注于移动金融孵化。目前玖富已经孵化出了六七个移动金融产品，且都获得了不错的发展，震惊整个互联网金融圈的悟空理财就是其中之一，闪银 Wecash 也是一个非常典型的成功案例。

总的来说，如果创业者想要在某一领域有所突破的话，垂直专业的孵化平台会更适合；但是，如果能够搭上巨头的关系，或者入驻实力雄厚的科技园区，在企业的整体运作方面获得更全面的支持，那也是相当不错的选择。

4.4 去众创空间孵化你的梦想

创客起源于美国硅谷的“车库”，创客们最初大多是利用车库之类的空闲地方作为创新创业的场所。创客空间或众创空间则由“车库”衍生而来，创客们在这种带有加工车间和工作室功能的软硬件开放的实验室里，将自己的创意变成产品原型，实现从0到1的突破。

创客空间通常是创客们固定的聚会场所。创客空间类似开放交流的实验室、工作室、机械加工室，有场地和基本的工具，不同年龄、不同行业的人们因为兴趣聚集到一起，分享彼此的想法，并一起动手将想法变成现实。

成立于2011年3月的“新车间”有百余平方米的车间，一张张操作台上有各种五金工具、电子元器件，为创客提供开源硬件平台、开放实验室、加工车间、产品设计和创意思想碰撞的空间。

在“新车间”，从零起步创业并不是一件难事。“新车间”有专门的入门讲座，仅用一个下午就能为“零基础”创业者扫盲。不仅如此，“新车间”的创客们愿意无私分享自己的知识与支持。“让成千上万的人分享自己的爱好，憧憬自己的目标，本身就是件很酷的事。”身为创客的“新车间”创始人李大维说。

每周三晚上是“新车间”的分享会，免费对公众开放。分享会上，创客们把自己最近做的东西拿出来展示、分享，很多来自世界各地的资深创客们也会出现在这里，带给会员更充实、更广阔的激发。在他们看来，在“新车间”创造的不仅仅是一件作品，更是一种积极、乐观、充实的生活态度。

尽管“新车间”的大部分创客来这里也纯粹是为了兴趣，但当创客们的创意能够创造更大价值并成为一种商业模式时，创业也就变得顺理成章。

曾有一个叫张添乙的高中生，在新车间做了一个智能耳机。不久后他去美国加州伯克利大学读书，拿着在新车间做的智能耳机和其他作品，入选了彼得·蒂尔（Facebook 的首位投资者，Paypal 的联合创始人及前任 CEO）基金会的“20 UNDER 20”名单，并获得 10 万美元创业基金。2014 年，20 岁的张添乙选择辍学创业。

继上海的“新车间”之后，各个城市陆续成立了创客空间。BAT 等互联网巨头也相继投入巨资，在全国各地创办众创空间，推动大众创新创业。“众创空间”是创客空间的 2.0 版本，是由李克强总理在深圳视察民间创客空间之后提出的一个新概念。在创客空间、创新工厂等孵化模式的基础上，大力发展市场化、专业化、集成化、网络化的“众创空间”，实现创新与创业、线上与线下、孵化与投资相结合，为小微创新企业成长和个人创业提供低成本、便利化、全要素的开放式综合服务平台。

以腾讯为例，2015 年计划在全国建立 25 个线下众创空间，总面积超过 50 万平方米。腾讯公司 COO 任宇昕表示，腾讯众创空间是在开放平台的基础上升级，不仅延续在开放平台中为创业者提供的服务，还将联合社会资源从软硬件和创业条件打造更好的创业环境。任宇昕表示，空间未来的目标是，在未来 3 年培育超过 100 位的亿万富翁。

腾讯方面表示，在全国众创空间还将携手地方政府、金融机构、法律服务机构等合作伙伴，为创业者提供多方面支持；并已邀请新东方董事长兼总裁俞敏洪、长江商学院副院长刘劲、搜狗CEO王小川、猎豹移动CEO傅盛加入。

对于创客来说，创客空间、众创空间就是他们的“娘家”。在自己的娘家，至少可以得到以下细致周到的呵护：

1. 创业场地服务

“众创空间”可为中小企业提供办公、生产、技术研发场地和公共服务设施；提供房屋、仓储、车位租赁、水电暖管理、保安清洁等服务。

2. 创业辅导服务

众创空间可提供工商、财税、专利申报、成果转化、政策法规咨询服务，协助企业办理工商注册、项目立项、税务登记等事宜；聘请创业导师，为中小企业提供创业辅导、管理咨询、企业诊断等服务。

3. 项目预孵化服务

众创空间将利用孵化大厦的创业咖啡项目、众创孵化服务平台和青年创新创业预孵化平台，为大学生、青年创业者提供共享创业工位；为创业团队提供项目筛选辅导和培训服务；通过筛选，对有资金需求的项目，对接天使资金和风险投资团队，助推项目成长。

4. 企业培训服务

众创空间将通过讲座、沙龙、研讨、交流等多种形式，开展企业管理、项目申报、资金融通、文化建设、人力资源管理等培训，提升中小企业的创业能力，帮助企业引进、培训各类专业人才。

5. 融资对接服务

众创空间会对接银行及投融资服务机构，为企业开展贷款、信用担保及抵押登记、创投评估、融资咨询、财税咨询、会计代理等服务；为有意愿在资本市场上市的企业对接相关机构进行辅导和培训。

6. 信息网络服务

众创空间将为入驻园区的中小企业接入百兆光纤局域网，提供创业、管理、技术创新、融资等资讯；利用中心网站为企业提供宣传、推介服务。

7. 项目申报服务

众创空间将为企业申报国家、省、市、区各类政府扶持资金提供政策咨询和项目咨询；组织企业申报火炬计划、创新基金、科技攻关、新产品等各类国家、省、市产业发展计划和基金；协助企业进行高新技术企业认定，开展科技成果鉴定和专利项目申报工作。

8. 共享技术服务

众创空间在新兴产业孵化器建立了电子、石油化工、新能源与环境材料技术研发共享实验室、研发平台和中试基地，可以为有需求的企业提供技术研发与设备共享服务；可以协助中小企业开展与新产品、新技术有关的研发、检测和中试服务；与大学、科研院所进行战略合作，为有需求的企业提供技术合作和实验设备使用的对接服务。

9. 人才引进服务

众创空间将为留学人员归国创业提供场地、服务设施，给予一定面积的房屋租金减免优惠，按孵化企业管理，提供相应的创业服务；协助企业引进博士后研究人才，对进入博士后科研工作站的博士给予一定额度的博士后科研资助金。

10. 公共设施服务

众创空间建设了与企业共享的公共会议室、培训中心、多功能报告厅和学术报告厅，可提供给园区内企业开展会议接待和内部培训；众创空间还建设了商务中心、阅览室、活动室、食堂等公共服务设施，为企业提供联谊活动、体育健身、员工生活等公共设施服务。

目前，众创空间在全国如星火燎原，创客只需交几百元就可以办理公司注册、拥有一个创业“工位”。以大庆高新技术创业服务中心的“众创空间”为例，企业只需缴纳 500 元就可以办理公司注册，拥有一个创业“工位”。大学生企业注册时则只需缴纳 50 元用于工商注册税务登记，就可免费使用“工位”。其入驻流程非常简单：

第一步：在准备好需要的项目材料和企业的正式审核名单后，团队或企业向众创空间提出入驻申请。

第二步：众创空间管理办对项目进行初审，并组织项目路演。

第三步：经济合作部把关审批。

第四步：签订工位使用合同，进驻众创空间。

4.5 云工厂：最适合创客的 C2B 奇迹

在传统的制造业当中，因为小众产品不太适合大批量生产，所以很难保证充足的供应。因此，也就很难发现小众产品的需求群体。

随着全球供应链进入网络时代，制造业的准入门槛被大大降低。制造业不再仅仅面向公司，同时也面向个人敞开大门。个性化、私人定制服务成为一种常态。凭借 3D 打印机等数字生产工具和某些实体计算平台，人们可以在自家桌面上制造出精密复杂的产品原始模型。而云工厂的出现，彻底使这些模型小批量生产变为可能。

> 云工厂，是指使用激光切割机和 3D 打印机等数字制造工具为消费者提供制造服务的网络服务商。云工厂的运行模式是：你把自己的创意在电脑上设计好程序以后，上传到网站上。网站上的相关软件会自动检测这些创意的可制作性，然后通过选项的方式，引导你完成你想要的制作方式。如果设计的文件出错了，软件或者工作人员会帮你修正。

在云工厂，创客可以选择把自己的创意与人分享，也可以要求其他人定制，如果有人愿意用你的创意制作产品，你也可以收取一部分费用。

在云工厂模式下，创意可以在线分享，这也为其他人带来了灵感，创造了合作的机会。全球“单打独斗”的创客们，因为分享联结在一起，“制造”

本身也就形成了一种运动。成百上千万热爱DIY的人们，也从各自为政转换到携手向前共同创造。一件产品，往往凝结着若干人的智慧，这在另一层面上赋予了产品不同寻常的意义。

在《创客：新工业革命》一书中，作者安德森做了这样一个假定的描述：

“时间快进10年，我现在是《连线》杂志的主编，住在加利福尼亚。我与几个孩子一起完成了不少有趣的项目，其中，机器人自动驾驶仪项目发展得相当不错。所以，我又登录阿里巴巴网站，希望找到能够大批量卖给我廉价小型电动机的制造商。

“我发现，中国制造业在过去10年已经像马云预料的那样（而且是在他的推动下）发生了改变。阿里巴巴上不仅有很多可以以出厂价向我出售电动机的制造商，而且他们还可以按照我的要求提供定制生产。通过几封电子邮件和即时消息联络之后（阿里巴巴的软件可以实现中英文的实时互译），一家公司指导我完成了各项设计选择，比如轴长和电机绕组等参数。一切谈妥之后，我只需要用信用卡或贝宝进行支付就可以了。

“10天后，一个大大的箱子就送到了我的门口，里面是数千个我定制的小型电动机，用异型泡沫塑料整齐地包装、固定。每个电动机外面都覆有一层略油的薄膜，防止腐蚀；另附一张看上去非常正式的收据。最棒的是，这些电动机完全是按照我的设计制作，而价格不到零售产品的1/10。

“这让人豁然开朗。我是一个普通人（而非一家公司），坐在加利福尼亚的家里轻点几个网址链接，就找到了一家中国工厂为我工作。不用长途飞行，不用开具信用证，甚至不要求我必须是一家公司，而且他们接受贝宝支付！”

在这个的例子中，安德森通过阿里巴巴的云工厂定制了数千个小型电动机，在线上完成了自己的个性化定制。在这本书里，这种现象被当作了一个10年后的假设。

其实，就中国目前的发展现状来看，这样的假设很快就会变为现实。电子商务领域正在发生翻天覆地的变化。

其一，最早接触互联网的一代人基本上已经进入企业管理层，他们了解面向消费者的重要性；

其二，数字驱动工具已经越来越多地应用于自动化生产中，这增加了生产的灵活性与产品的可定制性——小订单生产与大批量生产难易程度相似；

其三，小批量订单解决了商品生产中低利润的问题，定制个性产品的小型客户，可以产生更高的利润。

于是，一种新的电子商务模式C2B已经悄然兴起。

C2B它是继B2B、B2C、C2C之后的第四种电子商务模式，也就是消费者对企业。这是一种完全适合DIY创客创业的电子商业模式。

C2B的具体运营模式是这样的：先由消费者根据自身要求，提出需要定制的产品和价格，有些消费者还会主动参与到产品的设计、生产和定价环节，然后，生产企业按照消费者需求的产品和价格组织生产。

随着社会的进步，消费者的消费观念也正在发生改变，从原来的刚性需求占主体，到需求的逐步柔软化、个性化，消费者对企业的要求越来越高。

顺应市场的需要，C2B模式也被越来越多的商家所关注，未来价值链的第一推动力必将来自消费者。

目前，“以产定销”的B2C领域竞争已经进入白热化阶段，初创企业要想在这样激烈的竞争中站住脚是很难的。但是，C2B这种全新的“以销定产”和“以消定产”的模式，却正好迎合了创客创业的特点。

个性化、私人定制服务、小众产品，这些都是创客企业的特点，而这些特点也正是C2B模式的核心所在。这一模式不仅给创客企业带来了无穷大的长尾市场，而且，私人定制与个性化也给创客企业带来了高附加值。创客企业如果能够接受更多跨界的小订单，就能够获得更高的利润，因为这些小订单多是独特的非商品产品。

在移动互联时代，传统制造业被彻底颠覆，制造业不再把持在大企业和专业人士手中，制造业向数字领域的迁徙，加强了将创意实物化、发明商业化的能力。一个网络上的创意，可以让全世界的车间和工坊形成共同协作。

创客时代制造业的变革，不是制造过程的变化，而是制造者的变化。全民DIY的魅力或将远远大于大企业和商业巨头的大包大揽。虽然，在已经过去的一个世纪中，制造业发生了前所未有的变化，但这种变化还不是颠覆性的，还不够彻底。因为制造业从来没有向所有人真正完全开放。

在创客时代，创客们在网络社区中分享自己的设计成果；然后进行合作，已经成为一种创客文化典范。在创客的推动下，全球实现全民创造，必将掀起新一轮的工业革命。

创客的出现，使人们能够更加方便地制作出各种想要制作而自己又制作不了的产品。“人们用数字化工具在线制造出可以触摸的实实在在的物品，这就是创客运动。”“创客运动就是网络一代改造真实世界的过程。”

创客把创意变成了现实中实实在在的物品，实现了从 0 到 1 的突破，云而工厂的出现，让规模生产成为在线服务，让单个的产品模型变成了小批量的产品，实现了从 1 到 100 的量变过程。

<<< 第五章

团队建设：建班子、带队伍

从创意到创业，从一个人到一个企业，这不仅是商业模式的转变，同时是工作方式的转变——创客们不仅需要自己投身于创业工作中，同时更需要团队的鼎力配合。

很多时候，创业的关键不在于做什么事情，而在于谁在做这些事情。创业是一项复杂的工程，对于创客而言，能力再强的人也需要一个团队。

蓝色光标与拉卡拉的创始人孙陶然曾做了一个非常形象的比喻："如同背包客在荒野上应对狼群，需要大家背靠背围成一个圆圈，每个人应付一个方向之敌，把后背托付给彼此，共同作战，大家一荣俱荣、一损俱损。"

5.1 理想的创客团队，需要具备 5P

单枪匹马闯荡江湖的时代已经远去，现在流行的是抱团打天下。马云崛起，靠的是所谓的“十八罗汉”；俞敏洪异军突起，靠的是“三驾马车”（俞敏洪、徐小平、王强）；史玉柱东山再起，靠的是巨人集团的旧部。

一个理想的创客团队，需要具备如下 5P：

1. 目标（Purpose）

一个铁军一样的创业团队，是为同一个目标而奋斗到底的一群人。没有一个共同目标的团队，如同一盘散沙，形不成强大的战斗力。

创业目标一定要明确，这样才能使团队成员清楚地认识到共同的奋斗方向是什么。与此同时，目标也必须是合理的、切实可行的，这样才能真正达到激励的目的。

2. 人员（People）

找到“合适的人”，是组建创业团队最为关键的一步。什么叫“合适的人”？

首先，他要高度认同你的目标。人心齐，泰山移。

其次，最好是互补型的。一般而言，创业团队至少需要管理、技术和营销三方面的人才。创业者不可能面面俱强，你可以有意识地招募能补你短板的人才。在资金允许的前提下：一位市场营销精英，一位客户服务精英，一位销售精英，一位产品研发精英，一位内部会计员或者财务主管，一位优秀的行政秘书，是团队里需要逐步补充完善的。

最后，注意规模适度。团队成员太少便无法实现团队的功能和优势，而过多又可能会产生交流的障碍，团队很可能会分裂成许多较小的团体，进而大大削弱团队的凝聚力。

3．角色的定位（Place）

舞台上的每个人，都有自己清晰的角色定位。角色乱了，戏没法演，更没法看。创业团队也需要将成员的角色清晰定位。陈平是个一流的谋士，韩信是个一流的将军，刘邦是个一流的君主，他们三人的角色要是混淆，不仅三人之间会“打架”，汉军的战斗力也一定会下降。

创业型团队要做到：分工明确，让每个人都不可替代。决定分工——也就是角色定位，大致有这么几个要素：所处行业、成员的能力和知识水平、团队自身社会价值取向。

4．权限（Power）

角色定位，也就是各司其责。在管理中，权责必须一致。也就是说，权力与责任必须对等。你负了何种责任，就必须拥有与之匹配的权力。

团队成员间职权的划分必须明确，不仅要避免职权的重叠和交叉，也要避免责任无人承担造成工作上的疏漏。此外，由于还处于创业过程中，面临的创业环境又是动态复杂的，不断会出现新的问题，团队成员可能不断出现更换，因此创业团队成员的职权也应根据需要不断地进行调整。

5．计划（Plan）

团队要达成目标，需要制订周密的计划。创业计划确定了在不同的创业阶段需要完成的阶段性任务，通过逐步实现这些阶段性目标来最终实现创业目标。

在制订计划时，团队成员一定要深度参与。这不仅仅可以发挥群策群力的优势，还能够带给团队成员心理上的参与感。人们只对“自己”的事感兴趣，没有参与感，就缺乏投入感。

5.2 选对苗子，从源头上控制员工质量

对于创业型企业来说，团队总是处于人才匮乏的窘境当中，因为他们不具备大公司那种振臂一呼应者云集的威望。因此，创业团队建设必须从两方面同时入手：一方面主动出击，通过各种途径寻找所需的人才；另一方面，对现有人员进行培养，提升其能力。

多数创客属于技术性人才，对于面试员工并不擅长。下面介绍一个简单有效的面试方法，分为3步、共计20分钟，非常适合创客创业招聘员工时所用。

1. 简历分析

在面试之前，你需要浏览一下应聘者的简历——尽管你之前已经看过，加深自己对应聘者的认识。通过简历，你从以下四个方面来分析对方。

（1）分析相关知识的储备水平

从学历层次看其知识积累的深度，从专业看其与工作相关知识的积累，从资质证书、培训内容看应聘者与工作相关知识的积累。

（2）分析对企业环境的适应程度

如果对方有工作经历，他在哪儿工作时间最长？在哪儿工作时间最短？上一份工作因为什么离职？

工作时间最长，证明他比较适应那样的环境与工作；工作时间最短的则证明他不适合那样的环境与工作。离职的原因可以看出他的择业观。

（3）分析职业方向和不稳定因素

毕业大半年还没有工作？两份工作之间有四五个月的空白期？一年之内换了三家公司？

诸如此类信息要小心了，常常反映了对方职业方向与心态的不稳定。

（4）分析业务熟悉程度

有没有在本行业的工作经历？是否从事过相似的工作？从事的时间有多久？

从相似职位工作的时间长短看应聘者相关工作经验的丰富程度，从相同行业工作的时间长短看应聘者相同行业经验的丰富程度。

2. 职务达成能力的评估

如果对方有工作经验——曾经服务的企业规模如何？怎样的部门架构与团队结构？团队的工作分工、业务流程、工作职责如何？达成目标的动作如何分解？

通过以上问题，你可以判断其是否具胜任所求职位的基本工作能力。如果对方无工作经验——你对这职位如何理解？认为达成目标最关键的什么？你觉得你需要哪些方面的支持与协助？

通过以上的问题，可以看出他的思路是否开阔、逻辑是否严密，以及对所求的职位有没有基本的认知。综合起来，则是此人是否有潜力。

一般来说，业务类的职位，并非一定要招收有经验的人，对学历的要求也比较宽松。通行的说法是：能够通过培训迅速提升的技能，不必作为遴选的依据。但管理类的职位，则需要有同行的从业以及管理经验。

3. 人际交往能力的评估

如果对方有工作经验——你原先所在的团队经理有什么优缺点？你会多久跟上司（同事）做沟通？一般就哪些问题沟通？沟通的方式与内容是什么？沟通时间多久？是否能经常取得满意的结果？

通过对应聘者在面试中的表现，和以往工作经历中与上司、同事的交往情形，分析判断其人际交往能力与团队协作能力。

如果对方无工作经验——则可以询问其在学校的表现：是否参加一些社团？在社团担任何种职务？有没有做过兼职促销？

在这一步中，面试官需要留心应聘者的表现。例如他是否能够从问话中准确获取信息并形成自己的观点，同时也留心了面试官的感受。口头语言表达是否流利，用词是否准确，语言是否丰富、生动，回应是否适时，沟通是否非常顺畅。

另外，还要通过观察应聘者的服装是否整洁合体，目光是否有神，神态是否自然大方，语速、音调、音量是否适中等，才能最终分析判断出应聘者的沟通能力。

招聘技术专才，可以对人际交往能力适度放宽。技术控们与机器、电脑长时间打交道，不可避免地缺失了人际交往能力的锻炼与培养。而且，生性活泼的人往往也难以坐得住，成不了技术专家。其他与人打交道密切的职位，其沟通能力都是非常重要的，例如业务员、管理人员。

通过以上 3 步，第一步耗费 2 分钟，第二步和第三步各耗费时间约 9 分钟，共计 20 分钟。当然，也有走到第二步就发现完全不适用的，那么后面的步骤可以省略。可以礼貌地结束面谈，不用浪费彼此时间。有时遇上谈得来的，多说几分钟也无妨，但注意不要拖太久。

5.3 提升凝聚力，增强战斗力

一个团队要有战斗力，首先要有凝聚力。

创客团队通常是一支“小而精”的创新团队，团队成员普遍年轻、有想法，每个人都怀揣改变世界的理想。如何将这些有个性的能人凝聚在一起？

1. 确定共同的目标

一个团队要有战斗力，首先要有一个大家都充分一致认可的目标，这个目标足够激励这个团队的成员兴奋起来。这是一个团队最重要的一点。

团队成员需要通过充分的讨论、沟通，确定一个大家都认可的共同目标。这个建立在相同理念和理想基础上的目标，要能够最大限度地激发团队成员的创造力，同时具备市场价值和可操作性。当这一目标通过成员们的相互协作和共同努力得以实现时，必然会给大家带来巨大的成就感与荣誉感，共同的目标是打造团队凝聚力的基础。

2. 团队带头人的魅力

优秀的团队都有一个公认的领袖。作为创客团队的核心人物，他的理念和行为会影响整个团队凝聚力的形成，甚至决定团队的成功与否。作为创客团队的领头羊，要具备推动创新、获取资源、消除障碍的能力，并通过引导、接纳、包容等方式让团队成员产生强烈的使命感、归属感和认同感。他能够以身作则、勇于承担、善于沟通、化解矛盾，从而赢得大家的信任与支持。

通过不断强化团队意识，促进整个团队产生向心力和凝聚力。

3. 团队成员的分工协作

要使每个成员发挥所长，各尽所能，就应该“把合适的人放在合适的岗位上”，当每个成员清楚地知道自己的角色定位之后，他们会自觉调整自己的步调，为实现团队共同的目标全力以赴。有分工就要有协作，团队成员之间通过沟通与合作，可以达到取长补短的效果。这样的团队才能形成合力，才能高效而有序地运转。

4. 和谐的工作氛围

和谐融洽的工作氛围，能够让创客团队的成员们产生强烈的归属感，使他们乐于贡献自己的奇思妙想，并愿意将自己的前途与团队的命运联系在一起。

和谐融洽并不意味没有矛盾，只要沟通渠道畅通、信息交流频繁，相互尊重、彼此信任，即便有矛盾也能得到有效的解决。

5. 团队成果与利益的共享

创客精神就是“开源与分享”，而凝聚力正是这一理念最好的诠释。创客团队的共同目标要取得成功，其先决条件是未来成果与利益的共享。任何一个团队取得成绩与成功都是全体成员共同努力的结果，当每一个做出贡献的成员都得到了公平的利益分配、合理的成果分享，他们便获得了物质和精神上的双重满足，那么整个团队自然会形成更强大的凝聚力，从而产生团队与成员双赢的效果。

5.4 规范管理，用制度管人

制度管理的目的是依靠制度提升组织效率。制度管理将一切合理的东西，用制度来规范和固定下来。在这个组织内，所有成员职责清晰、流程有序、配合紧密、有章可循，其结果会使 1+1 远远大于 2。

举个例子：同样的人数、同样的装备、同样单兵能力组成的两支部队，一支是制度管理，一支是散兵游勇，两者对阵，前者的战斗力必然远远超过后者。

24 岁的创客吴俊曾经是一家企业的技术员，利用业余时间跟他的小伙伴刘瑞晨一起研发了一款可以发布平面广告的汽车位地锁。他辞职创业，以自己的产品为基点，创建了自己的科技公司。

有了产品，首先要做的就是把产品推向市场。为了找到能力强的销售人员，吴俊决定在薪资上比其他企业高一个档次。通过高薪招聘，吴俊确实招到了几个业务精英，而且这些精英也真的是名不虚传，短短半年时间内，公司周边的大多数小区以及当地大的单位就都用上了他们的车位地锁。这样的业绩，让吴俊一直感叹，自己的高薪出得值。

就在吴俊为自己的决策和公司的销售业绩兴奋的时候，公司内部却出现了让他头疼的事情。

在几位销售精英当中，业绩最好的张峰，也许是因为自己的业绩突出，或许是得到公司的表扬太多，开始变得有些狂妄起来，不仅在公司的其他业务员面前自称老大，而且置公司的制度于不顾，经常性地迟到早退，甚至经常在上班时间聚集他手下的小兄弟以谈业务为由聊一些不好的社会话题。管理人员跟他说过多次，他都不听，还振振有词地说："我给公司拉来这么多大单子，迟个到、聊会儿天还管我，也太不够意思了！"

怎么办呢？按照公司的制度，张峰这样的表现是要给予严厉处罚的。可是，给他处罚吧，万一他心理逆反，拉着他的小兄弟一起，从此不好好干活了，会直接影响产品的销售。可是，如果不管，任其这样下去，即使他的销售业绩再好，也难以服众。在管理其他员工时，公司制度也无法执行，对公司的后期发展将会造成严重影响。

吴俊和刘瑞晨与公司其他管理人员商量后，决定双管齐下。

月底发工资的时候，吴俊严格按照公司制度执行，扣了张峰的奖金以及迟到早退应扣的钱。第二天，吴俊把张峰叫到他的办公室，给了他 1000 元奖金，作为对他业绩突出的奖励，除了物质奖励之外，还让张峰担任整个业务小组的主管，负责下面员工的业绩和制度执行情况。尤其在制度执行方面，吴俊与张峰进行了推心置腹的交流，阐明了其中的利害和影响，张峰对公司的奖惩制度也表示了充分的理解。

这件事情之后，吴俊发现整个公司的气氛发生了明显的变化，不仅没有员工再出现迟到早退的现象，而且员工工作状态也非常好，尤其是业务部门的同事，每天工作起来都激情满满，每个人的销售业绩也都有了明显的提高。

联想的柳传志在十多年前曾这么说："20 年的中国企业剩下的已经不多

了，被淘汰的要么是适应不了环境，要么是在管理方面出了问题。现在能找到的、说话有一席之地的，都是花了很大的力气，在研究真正的企业管理、企业运行规律的，我觉得这才是人间正道。”

制度是企业内部法，也需要一定的稳定性与延续性。初创企业在推行制度管理时，有以下几点需要注意。

1. 循序渐进，步步为营

不能一听到制度管理好，就急忙从电脑上下载一大批制度条文，修修改改就完事。在公司创业期，制度建设要循序渐进、步步为营，先从简单、易于执行的开始。随着企业的不断发展，公司制度再逐步完善。制度建设初期过于全面和细化，会出现很多不实用甚至不能用的制度，而员工则会被这纷繁的制度搞迷糊。

2. 实用至上，远离教条

以制度管理的目的为参照，判别单个制度优劣的最高准则：是否有利于组织效率的提升？制定某一制度，除非它对员工行为的限制和约束有利于企业组织效率的提升，否则就没必要制定。

3. 听政于民，双向沟通

以想象代替现实，制定出来的制度会在现实中触礁。这就是为什么有些企业花了很长时间制定了厚厚的制度，就是执行不下去。因为只有生硬的制度，却没有体现制度的人性化和导向性。正确的做法是，在制定制度前期，多与员工进行交流，听取大家的意见与建议。

4. 制度面前，人人平等

有些企业，不是缺少制度，而是缺少执行。心血来潮时抓一下，杀一两只鸡给猴看；意兴阑珊时抛在一边，睁一只眼闭一只眼。心花怒放时，看见有人违反制度，顶多讲一声，该罚的不罚；心烦意乱时，碰到有人犯错，动辄严肃查处，不该罚的罚了……久而久之，制度就成了一纸空文。

5.5 当天才员工变成超级混蛋

天才，是指拥有一定天赋，包括卓绝的创造力、想象力等天然资质的人。如果一个创新企业拥有智力超群、想象力丰富的天才，是有助于完成高难度和复杂性工作的，但是要在一个团队里高效地发挥才能，除了聪明的大脑，还需要有责任心、勤奋和团队精神。

然而，“天才”也许并不可靠，特别是那些天生叛逆、性格怪异、头脑灵活的家伙，他们很有可能成为企业的麻烦制造者：为了凸显自己，他们会质疑公司前景，贬低公司领导，挑剔同事的毛病（这个算是混蛋的一个表现，后面再加几条，然后加个省略号，比如不安分、中饱私囊之类，如果只说这一个，就把这个说窄、说死了，不好的员工会有很多表现的）。如果创客团队里有几个这样的“天才”，其破坏力是可想而知的。如果一名“天才”员工不能以可靠的方式融入团队，那么即便个人能力再强，对企业来说也毫无益处。

Roger 是 Ben Horowitz 在 Opsware 找到的一名天才工程师。他所在的部门，一个新手通常要三个月才能真正上手，而 Roger 只用两天就做到了。在他上班的第三天，交给他一个计划需要一个月时间完成的任务，结果三天后他就拿出了一个几乎完美无缺的方案。这之后几个月 Roger 的表现都非常突出，毫无疑问他是个很优秀的员工，因此很快得到了提拔。

然而噩梦开始了，一开始，Roger 只是连续几天不来上班，之后

> 变成连续几周不上班。他会不停道歉，然后继续我行我素。此外，他的工作质量也严重下降，他变得粗心和拖沓。Ben 想不通一个如此优秀的人怎么会失控到这种程度，但对 Roger 依然保持信心，以为他总有一天会重新发挥他的才华，所以当他的经理要炒掉他的时候，Ben 出面阻止了。但结果证明那个天才没能回来。原来 Roger 不仅有躁郁症，还吸食毒品。最终公司不得不炒掉 Roger。

创客团队中，难免会有一两个奇才，同时奇才也是难以相处的独行侠。但是，只要用对了方法，这些桀骜不驯的天才员工也是可以被驾驭的。

天才员工的个性较强，往往只专注于自己的工作，团队意识比较淡薄。但他们有一个优点是容易接受引导，只要让他们意识到自己的行为出现了问题，他们会自觉重新找回状态。其实借助适当的管理办法来“驯服”他们，这些员工的价值是不可估量的。

1. 建立一致的流程与准则

如果没有既定的流程，天才员工会自己创造一套流程，而这必定会造成混乱。此外不要把流程的决定权交给这类员工，即使他们可能会喜欢干这个（后面补充一下准则的部分，就是说即便是天才员工也必须按照企业的制度和准则来，如果实在不行，那么就只有让其走人，大致这个意思吧）。

2. 分配可自由支配的任务

这样可以将天才员工超级自负的个性转化成整个创客团队的优势，因为这类员工希望在工作中打上自己的烙印。他们通常是技术达人，所以但凡能够让他们发挥最大潜力的工作，都可以放手交给他们全权负责。

3. 明确期望值

可以与天才员工开诚布公地谈话，直接告诉他们哪里出了问题，这类员工非常清楚自身价值，提出对他的期望，明确他需要改进的地方。

4. 提供更多的学习机会

天才员工比其他人更容易对工作感到厌烦（这也解释了为何他们会频繁地更换工作）。而且这类员工很喜欢“自己是所在领域最新、最热潮流引领者”的感觉。所以有必要为他们提供最前沿的培训、有趣的会议和各种学习机会，这些措施的成本肯定低于招聘新人的代价。

5. 不断提供新的挑战

天才员工常常会在一个项目结束、另一个项目却杳无音讯的时候，感到怅然若失，情绪低落。最好的做法便是让他始终有新鲜的谜题去解决，这样会让他们始终对工作充满热情。

创客团队把一群背景不同、性格各异、各有所长的人会集到一起，其中自然会有顶尖人才，这也有助于团队吸引更多的能人志士。但对天才的依赖要适可而止，他们能够为公司做出一定贡献，却也可能成为不安定的因素，当天才员工变成超级混蛋，必将会是企业的灾难。

5.6 成妙绮：最常见、最致命的10个大坑

在与大量天使期初创团队接触的过程中，AA投资合伙人成妙绮发现了不少初创团队在组建团队中所出现的问题，这些问题将成为企业发展的桎梏甚至企业轰然倒下的直接原因。

在《创业邦》网刊上，刊发了成妙绮的《创业必读：组建初创团队最常见、最致命的10个大坑》，现摘录如下：

1. 老大去哪儿了

表面来看，每一个初创团队都会有一个名义上的老大（大部分情况下是CEO），但事实上，初创公司经常出现隐性的老大缺失问题，主要包括以下三种情况。

第一，高管不服管，名义老大没有足够的威信。老大招聘过来的人大多跟老大是旧识，这本身并没有太多问题。然而如果有的团队成员因为种种原因（例如是老大的老领导或老师），自认为比老大的能力高，发自内心地缺乏对CEO的尊重，进而在团队沟通和讨论的过程中有意无意地体现出自我的优越感并散布对老大的不信任，就会给团队管理带来极大的困难和障碍。

第二，公司CEO成为整个公司的对立面，成为公司内部公认的麻烦制造者和公司所有问题的根源。虽然CEO本来就应该对公司的

所有问题承担责任，但是如果出现公司“千夫所指”，全部问题都仅仅归咎于CEO的情况，还是很奇葩的。缺少一个可以服众的领袖，这个企业的分崩离析只是个时间问题。

第三，权分两半，两人联合创业、各管一摊。俗话说，一山难容二虎，两个同样强势和同样能干的人往往难以做到长期合作与和谐共处。一个公司还是需要一个绝对的领导者的。

2. 股份结构太过分散、平均

从中长期的角度来看，过于分散、平均的股权结构对公司可能是隐忧，乃至于成为公司发展道路上的一个“暗雷”。AA投资建议：融资之前，CEO的股份最好不低于60%。这样经过天使融资后，CEO还能持有公司50%以上的股份比例。

初创团队中必须推选出明确的领导人(CEO)来做绝对的大股东。如果创业初期，大家的贡献和条件相差不大，建议CEO通过个人向公司注资的方式获得更高的股权。股份上的明显优势对于CEO树立在团队内部的影响力和话语权也是很有帮助的。但与此同时，CEO也不能持有过高的股份比例，需要为创始团队留出股份，也为员工和后续核心成员留出期权的空间。

3. 没有提前制定好游戏规则和退出协定

为什么有的企业会“哥们儿式合伙，仇人式散伙”？

合伙创业的时候，大多是因为惺惺相惜、理念相同；而分道扬镳的原因却可以有很多：有人承诺带来订单和资源，拿到股份后就不见人影；有人不适应创业的生活，时间不长就退出，回归朝九晚五的上班生活去了；有人说得天花乱坠，却一开始动手就被打回原形；还有人虽然能力很强，却无法和团队和谐相处。

为了在出现这种窘境时尽可能地保护公司和全体股东的利益，创业之前一定要丑话说在前面，提前签好退出协议，明确不同退出情况下的股份处理和转让相关条款、机制。如果创业之前顾及“兄弟”情面，没有明确规定出现问题后的应对和调整机制，一旦不利情况发生，公司和剩余股东将陷于被动的境地。这就好比结婚前大家先签好了离婚协议，听起来很伤感情，但可能是对彼此最好的保护。

4. 团队背景过于接近

团队内部讨论的时候，如果两个人的意见总是一致，说明其中至少有一个人是多余的，可以去掉。然而在组建初创团队的时候，不少人却往往忘记了这一点，组建团队的时候，一味地根据喜好和认同感吸纳团队成员。

5. 天上掉下个 CXO

创业公司只有几条枪，每一个人都要独当一面甚至好几面，任何一个人拖后腿都将直接影响整体进程，每一个创业伙伴都至关重要。所以务必要在人选的问题上谨慎再谨慎、斟酌再斟酌，尽最大可能去寻找合适的人选，不能指望天上今天掉下个 CTO，过几天再掉下来个 COO……随意地决定一起创业小伙伴的人选，无疑是一开始就在公司安放了一个滴滴作响的定时炸弹。

6. 贸然和不熟悉的人一起创业

很多人都会纠结：组建团队的时候，是寻找知根知底，但是能力、经历、个性等方面稍有不足的熟人来做创业伙伴，还是更主动地寻找更加合适的队员？

为了搭建更有战斗力的团队，需要打开视野，在不熟悉的圈子里寻找合适的创业伙伴。然而，前提是必须在新人正式加入之前就擦亮眼睛仔细甄选，先进行一定的磨合，做到知己知彼。一般来说，如此找到的牛人经常是你不熟悉的，那么该怎么办呢？这就需要提前做好工作，通过多方面的调查和多次深入沟通来了解你的准创业伙伴，以期在最短的时间内达到彼此之间的熟悉和了解。

7. 一开始就组建一个豪华团队

部分创业者比较理想化，一开始就想着组建一个梦之队。但实际上，梦之队往往都是以惨败收场的。原因很简单，在创业初期选择精益创业方式可以最大可能地提升生存概率，而反其道而行之则容易加速死亡。初创企业的资金都很有限，每一分钱都得用到刀刃上，否则天使轮的小几百万还不够半年烧的。因此，初创企业的人员数量上不能太多，能满足基本的需求就可以了，否则会增加内耗，造成不必要的麻烦。

8. 引入中看不中用的人

我们曾经见过一些团队，一眼看去团队成员的背景非常好，且经验和人脉正好是公司业务发展所需求的。但是跟团队成员细细聊过之后，发现不是那么回事，有些团队成员的背景看着非常令人印象深刻，但是一聊到业务细节就漏洞百出。

大公司里边难免会有滥竽充数之辈，但是对小公司来说，如果关键岗位请到的是南郭先生，那很有可能是个灾难。

9. 所有成员都是兼职创业

创业是一种生活方式，一旦市场的枪声响起，就要夺命狂奔。创业的日子里，每个人都恨不得每天都有 48 个小时。

数年前，还有不少人是先兼职创业，准备充分之后再辞职。但是近期，随着市场环境的发展和竞争的步调加快，如果你看到了一个市场机会，只要判断距离市场的爆发不会太远，请不要犹豫，尽快全身心投入其中吧。否则，等你觉得自己准备好了可以创业的时候，没准市场上已经有上百个竞争对手了。

10. 招来在做人方面有硬伤的人

如果创业核心成员出现做人上的问题，将成为团队团结的障碍。初创企业，招聘是非常重要的工作，也是创始人需要花大力气的三个重点之一。招聘是个技术活，需要在长期的工作中练就一对火眼金睛。在选人方面，YC 创始人 Paul Graham 给出了一个很好的实操建议：如果你在跟候选人沟通的时候，如果对方看起来令人印象深刻，但是你自己个人总感觉有疑虑，那么你要相信你的直觉。

以上 10 个大坑，创客在创业组织团队时，不妨一条条仔细比照自身，有则改之，无则加勉。

<<< 第六章

客户关系：没有订单谁也无法生存

在当今这样一个开源的时代，同类产品之间并没有什么太大的区别，而消费者的消费需求却有了更高层次的精神追求。在这样的大环境下，企业维护好与客户之间的关系显得尤为重要。

6.1 消费者永远不知道他要的是什么

“消费者并不知道自己需要什么，等到我们拿出自己的产品时，他们就会发现，这就是我要的东西。”——创客时代，对于很多的创业者来说，乔布斯的这句名言应该是一个永久的标杆。

在手机还没出现之前，消费者想象不到未来会出现手机这个东西；智能穿戴设备被研制之前，消费者更是连想象都不敢想象；QQ、微信出现之前，消费者肯定觉得打电话已经是历史的进步了；电商出现之前，人们也想不到未来还可以在网上做生意，还可以足不出户就解决自己衣食住行各项需求……很多新产品给人们带来了便利和惊喜，但是，在产品尚未研制出来之前，消费者对它们一无所知。

亨利·福特曾说过：“如果我最初问消费者他们想要什么，他们应该是会告诉我，‘要一匹更快的马’！”因为消费者想象不出你能制造出什么比马更快的东西，直到你把汽车摆在他们面前。

创新是创业的核心，在技术日新月异的时代，铺天盖地的信息已经让一些消费者应接不暇，对于从未有过的东西，他们想象不到，也不会去想。虽然消费者对产品性能的要求越来越高、越来越个性化，但这些都是基于已有的产品，在细节和功能方面进一步的改良和完善。

在乔布斯生产出苹果之前，没有人想象到计算机还能够放到桌面上，甚至是放到提包里随身携带。乔布斯给人们带来了惊喜，也掀起了一场空前的工业革命。随后面世的各种品牌的电脑，无论是外观还是内核，无非都是在功能上对苹果电脑的改进和完善。

更多的时候，消费者只能从现有的产品中发现更符合他们需求的产品，而不能凭空想象出那些尚未存在却能提升他们生活品质的产品。就像古代的消费者希望能够有更多支船桨的船只，但他不会想要快艇，因为他的潜意识里根本没有发动机这个概念。

创客运动的核心就是创新，创客们一个不经意的小灵感或者小创意被打造出来，也许就是一件引爆市场的产品，创客为此就能成就一番伟业。对于创客而言，如何制造出爆品、标杆或是让消费者眼前一亮的产品，才是创客创业的目标所在。

彼得·德鲁克说过："企业的唯一目的就是创造顾客。"对于绝大多数的消费者来说，他们关心的是产品能够解决他们的实际需要，至于产品的研发和生产，那是研发和生产人员的事情，与他们无关。如果企业仅仅依靠倾听顾客所需的心声，那么，其推出的产品只会永远落后于同行业者，最终陷入不被消费者选择或者认可的尴尬局面。在这方面，乔布斯早有心得。

乔布斯在他的自述中说过，生产者的责任是要提前一步搞清楚消费者将来想要什么，而不是消费者现在想要什么就给他什么。因为，他们并不知道自己想要什么，直到你把产品摆在他们面前。他认为，生产者的任务是读懂还没有落到纸上的东西，企业要创造客户需求而不是顺应客户需求！

生产者要比消费者快上半步，才能赢得市场先机。大Q手机的成功就是一个比消费者快半步的成功案例。

2014年元月，一款专门针对移动互联网时代的智能手机大Q在市场亮相。从内芯到外观，从设计理念到设计团队，包括它亮相市场的方式，都显示了它的与众不同：

大Q手机的用户群是16～30岁的年轻人，这是一群"80后""90

后”的年轻人，他们有梦想有追求，也承受着很大的社会压力。他们生于社会转型期，成长在价值多元化的社会；他们既生得漂亮，也要活得畅快；他们追求自我实现，有鲜明照人的个性魅力。他们热爱乔布斯、欣赏“知”本家和平民英雄，他们热衷于借助科技的力量白手创造未来。在通往梦想的道路上，他们努力前行。

大Q手机，正是为了这样的年轻人而生。拟人化地把大写的字母“Q”演绎为一个正在行走的人形，寓意是陪伴着年轻人一起往前走，这种“以人为本”的设计理念，带给用户的是一种温暖的陪伴感。从形态到色调都彰显着积极的力量，散发着正能量的气息。有了大Q的陪伴，这群执着于梦想的年轻人，在前行的路上不再孤独。

大Q手机的设计团队是一群毕业于清华北大的年轻的理工科高才生。在庞大的手机市场上，他们看到了手机生产商们并没有注意到的消费需求，他们针对有梦想有追求的年轻一代，量身定制了大Q手机。

互联网的PC端和移动端正是年轻群体主要的购物渠道，大Q手机通过PC互联网和移动互联网，全渠道铺货开展大规模推广，也正满足了这个年轻群体的购物需求。大Q手机的开山之作Q1一亮相，就被行业媒体称为2014年千元智能机的黑马。2014年5月1日，在买卖宝商城，大Q手机的Q NOTE进行现货首发特惠活动，半天的预定量就超过3000台。

大Q手机，深度挖掘到了“80后”“90后”这一年轻群体内心真实的需求，用其众多的亮点点燃了他们的热情，让他们感受到了其与众不同的魅力。面对这样的产品，他们会惊喜、会尖叫，然后，毫不犹豫地去抓住它。

2015年年初，大Q手机面向注重理性消费的年轻群体推出Young系列，该系列首款手机——大Q小明，定位于“95后”的青少年群体，大Q小明上市定价为499元。

2015年3月，大Q手机推出“雷霆战机”主题定制手机，在“90后”用户群中获得了超高的认可度，积累了一大批忠实粉丝。大Q通过与优质IP的深度捆绑，不仅实现了自身的增值，还探索出了一条软硬件结合的新型发展模式。

伴随着大Q系列手机的逐一面世，大Q创造了一批又一批年轻的用户群体，占据了越来越多的市场份额。

大Q是有态度的手机品牌，以“追求梦想，相信明天会更好，未来的道路更宽广”作为核心的精神诉求，好似一个梦想的承载者，一路上陪伴着这些有梦想的年轻人。

大Q手机人性化的设计理念和设计风格，给消费者带来的是心理上的满足感，消费者曾经需要而又无法表达出来的那个心理空洞被填满了。对于这一点，也许消费者自己并没有明显地感受到。但是，大Q来了，消费者才发现，原来自己需要的正是这样一款手机。大Q带给消费者的不只是一个手机，更是他们前行路上的一个陪伴者。

所以，在你的产品尚未成型之前，不要妄想从顾客那里获取你想要的东西，因为消费者永远也不知道他们真正需要什么，他们所需要的产品恰恰是你要告诉他们的。

乔布斯改变了世界，改变了人类的生活，但是他从来没有问过消费者需要什么；马化腾创造了QQ、打造了微信，改变了消费者的社交方式，但这个商机不是消费者告诉他的……因此，创业企业，不要等你的产品出来之后再埋怨消费者不购买他们曾经告诉你的他们想要的产品；相反，他们真正想要的产品应该由你来告诉他们。当企业做出了核心产品并将其上市时，当消费者被这个产品吸引住并且尖叫连连时，你就成功了。

6.2 满足用户个性化需求

传统企业和消费者之间，是从上而下的关系。企业制造什么，消费者购买什么，消费者没有太多选择和参与的空间。创客时代的到来，颠覆了这种传统，消费者可以按照自己的需求定制自己需要的产品了。

互联网时代，整个消费领域的核心从“B”变成了“C”，消费市场从卖方市场变成了买方市场。消费者对产品的需求方向也正在悄然发生变化，越来越多的消费者从对产品的刚性需求转到了个性化的需求方面。人们愿意私人定制，想要拥有一款与众不同的产品，希望产品拥有自己独特的个性，能够在产品中融入自己个性化的要求。有些消费者甚至愿意自己能够参与到产品的制作过程当中，自己能够DIY其中的一小部分。因为从生产线上下来的产品，是千篇一律的、冷冰冰的一个物体，而有用户参与其中的产品，会有每个个体自己的情感和温度。产品不仅仅是与众不同，更有了一种精神层面上的意义。

用户对产品的个性化要求，倒逼各类供应主体思考如何满足用户的需求。而创客的特点就是小众化和个性化，创客的出现正好满足了消费者的个性化消费需求。在创客创业的大潮中，有些创客已经看到了这一消费需求市场，并在市场上抓住机会，取得了成功。

“礼物说”是一家帮助用户送出完美礼物的礼物电商，其产品就是一款名叫“礼物说”的手机软件，送礼物的人，通过扫描二维码，就能把声音和图片绑定在礼物上，做成一款可以自己说话的礼物。

应用这款软件，可根据送礼物的人和收礼物人的喜好和个性特点，在礼物中加入个性化的图片和语言。礼物可以做得温暖贴心，也可以做得可爱搞笑，让收到礼物的人在欣喜的同时有一个意外的惊喜。

“礼物说”不仅能够让礼物自己说话，还可以把礼物分类，提供送礼攻略，帮助用户给家人和朋友制造一些小惊喜。

“礼物说”的创意来源于一个女孩儿，当时，“礼物说”的创始人温成辉喜欢上了一个女孩儿，便想送一件与众不同的礼物，给她制造一些惊喜。温成辉在网上找了很久，但是所有礼物都太大众化，千篇一律，最后自己做了一个。也就在那时，他有了开发一款制作个性化礼物的软件的想法，并很快开发成功。

2014 年 7 月软件推出，短短 4 个月的时间里，下载用户就达到 200 万人，线上交易额超过 1000 万元。

2015 年，温成辉在北京创办了自己的公司——礼物说科技有限公司。2015 年 4 月 1 日，温成辉用黑色签字笔在投资协议上签下“温成辉”三个字，完成了他的“礼物说”3000 万美金的 B 轮融资。这不是愚人节的玩笑，这是一个真实的事情。

这个刚刚上线只有 8 个月的创业公司，已经完成了它的两轮融资，总估值突破了 2 亿美金，成为“90 后”创业公司里面融资最多的一家。

“90 后”的温成辉，有着“90 后”喜欢天马行空、喜欢与众不同的个性特点。在给女朋友送礼物的时候，从自己对礼物的个性化需求中，看到了一个更大的个性化需求市，并且抓住机会，取得了很大的成功。

从另一个方面来讲，企业只有做到创客化，制造出满足消费者个性化需求的产品，才能在市场上拥有机会。所以，创客企业在做产品之前，要先弄清楚在这个市场上，消费者有什么样的个性化需求，找到了消费者的个性化需求，才能根据消费者的需求，在创业的过程中大胆地创新，另辟蹊径，打造自己的个性化产品。

只需一键点击，照片自动美化，一款叫作“美图秀秀”的修图软件，曾经捕获了万千少女的心。而这款软件的设计者吴欣鸿却是个典型的“闷骚男”。

性格内向的吴欣鸿，是个很有想法的人，这个被中国美术学院教授认为极具艺术天赋的大男孩儿，在若干个创业项目失败后，误打误撞与“草根”结缘。而且，他很快发现，“草根”用户对图片的个性化需求非常高，尤其是“90后”这一年轻群体，他们对“非主流图片”和“非主流头像”的关注度非常高，在百度中，每天的搜索都能超过10万条。在老板蔡文胜的点拨下，吴欣鸿明白了：“他们只是想把照片做得更加个性。”于是，2008年10月，“美图秀秀”的前身“美图大师”诞生了。

吴欣鸿这样认为：中国的“90后”，他们的互联网使用习惯特征是个性化、傻瓜化、简单化。美图秀秀这款软件，正好极大地满足了“90后”“卖萌”的特点。美图秀秀一经推出，便获得了“爱臭美的小女生”们的追捧，很快，这款软件就在年轻的用户群体中广泛传播。进过5年多的不断打磨，美图秀秀成为中国国内市场上唯一媲美QQ、微博的图片应用。

企业要想活下来，最重要的不是做大，而是做好。做好的核心就是找到顾客的真实需求，帮客户完成心愿。

企业做产品之前，弄清楚消费者需求是排在第一位的，但是怎样才能抓住客户的真正需要，就要求创业者具有不同于常人的洞察力。我们说的洞察力，不单单是做个市场调查，看到或者听到一个信息就可以了，因为客户真正的需要，很可能是躲藏在这些信息之后的。

对于用户来说，市场上同类的产品那么多，你凭什么让用户来用你的产品呢？就是你能找到用户的真正需求，找到用户的痛点，让用户在看到你的产品的时候，产生惊喜，发出尖叫。让用户觉得，你的产品就是为他定做的。如果你的产品不能抓住用户的需求，那么用户就不会选择你的产品，即使你的产品做得再好。

2015 年，对创业者来说，创业环境和各种配套设备都均已成熟，利好的政策使市场空间更加开放，“互联网 +”也延伸出更多的创业机会。2015 年成为大众创业的黄金时代。

在良好的政策、开放的市场和大量资本的驱动下，创客们在讨论商业模式、产品体验、创新驱动的同时，更要想到产品后期的市场销售状况。在产品尚未上市之前，创业者要提前做好市场调研，了解客户在这一领域有哪些方面的个性需求，抓住客户需求的痛点，就等于为自己的产品找到了机会。

6.3 服务是全世界最好的产品

创客时代是开源的时代，很多同类的产品在产品性能方面并没有太大的区别，所以，服务作为一个产品的附加值，在很大程度上影响着消费者的选择。客户在评价一个企业的时候，不仅仅是评价产品本身，还有产品带来的附加值。服务是产品附加值中主要的部分。细致周到的服务不仅能够赢得用户的赞誉，还能为企业带来新的客户。

服务为客户提供的是尊重需求和自我实现需求的满足。随着社会的进步，消费者的需求也在提高，消费者需要的不仅仅是一个产品，更是一个产品所携带的附加值。这个产品的附加值，就是产品带给他们的特定的或者个性化的服务，一种被尊重和自我价值实现的感觉。如果企业能够给用户带来这种感觉，企业就会拥有大批粉丝用户，产品的销售问题自然迎刃而解。

“海底捞”创始人张勇说过一句话：“服务能改变客户的味觉。”确实，在同类产品没有太大区别的前提下，消费者在选择上更倾向于能给他们带来良好体验和超出预期服务的产品。从这个意义上来讲，服务改变的不只是客户的味觉，而是客户对整个企业的感觉。

很多有车族都有过去4S店修车时不愉快的经历。可是，去外面不正规的汽车维修点维修又不放心。所以，修车一直以来都是令有车族头疼的事情。

在4S店修车，一般4S店为了节约成本，会拖慢维修的速度，一块擦伤就要修三四天，车主几天都不能用车，感觉非常糟糕。

有着同样糟糕经历的周槟决定打破这一魔咒，他自建维修门店，自行招募技师，建立起了一套垂直的O2O服务体系——有壹手。

用户在线上下单后，可以就近送到有壹手北京周边的5家分店；有壹手还提供上门取送服务，让客户无须到店，“连等都不用等”；车主还可以根据自己的用车情况，自由选择修车时间，可以是工作日也可以是休息日或者限行日，白天没有时间的车主，还可以选择晚上修车。

有壹手还通过相关技术提高了修车效率，大大缩短了修车的时间。4S店的钣喷一般需要三四天，而有壹手在一天内就能完成。

此外，有壹手还根据4S店的短板，推出了修车过程透明化的服务。在有壹手修车，修车的整个过程都可以在手机上直播，用户可以随时查看爱车的维修情况。

有壹手还根据实际情况随时调整自己的服务。比如，在北京很多汽车遭受冰雹突袭的情况下，有壹手迅速推出冰雹损伤免费修活动，吸引了众多受损汽车前去他们的门店排队。

作为一家汽车维修门店，有壹手在销售修车服务的同时，更为众多的车主们提供了多项附加服务。而这些附加服务，都是4S店很难做到的。这些附加服务给车主们带来的体验和满足，甚至超过了他们的产品——修车服务本身。所以，很多车主们纷纷放弃了在4S店的修车服务，来到有壹手修车。以至于出现了4S店找上门寻求合作的事情。

随着人们消费观念的改变，消费者对服务的重视程度，并不比对产品本身的重视少。所以，对于企业来说，好的产品非常重要，好的服务同样也非常重要。如果只是产品好，却没有与之匹配的好的服务，那么用户可能也会来购买你的产品，但是只会购买一次。有营销专家也提出了“服务营销”的概念，认为服务营销确实是一个不错的营销方法。

> 小米有 4000 名员工，其中 2500 名是客服，另有 1400 人负责产品研发。小米没有门店，没有营销人员，2500 名客服，就是小米的营销人员。在小米，用户购买到产品之后，并不意味者销售的结束，而是销售的开始。客服人员更关注用户在购买到他们的产品以后的体验和感受，更关注用户对这个产品的关注度和青睐度。

传统的服务模式告诉用户的是：想要我的服务，就要按照我的模式走。创客时代，人们的消费需求也变成了享受型的，人们对产品的服务看得越来越重，传统的服务模式已经不能满足用户的心理需求。那么，创客时代的服务模式又应该是怎么样的呢？

微信总监曾鸣说：“服务就是我需要你的时候，召之即来；我不需要你的时候，挥之即去。”那么，企业怎样做到召之即来呢？

用互联网思维做企业的服务，就是把互联网思维和服务思维融合在一起。如今，移动互联网已经融入了人们的生活，伴随着移动互联网的到来，各类社交平台也如雨后春笋般快速生长起来。微博、微信、QQ、BBS 等，都可以作为企业为客户服务的媒介，用户喜欢用哪个平台交流，企业就用哪个平台服务。真正做到用户到哪里，服务到哪里。企业也可以针对自己的产品，开发自己的服务互动平台，积累自己的铁粉用户。

不同的社交平台，有着不同的自身特点，也有着自己的特定用户群体。微博的传播功能强大，适合在大范围人群中做快速传播。企业可以建立自己的企业微博、客服微博、技术微博，针对微博用户在微博中所提的的意见、建议抑或吐槽，随时予以回复，做到与用户及时沟通。

紧随其后的微信，更是来势汹汹。几乎是一夜之间，大街小巷的人们几乎都有了自己的微信账户，高效、快速、使用方便等特点，让微信成了人们沟通的主要平台。而企业则完全可以把微信做成一个超级客服平台。

与微信比较，QQ似乎已经成为过眼云烟，其实不然。因为QQ诞生时间较长，人们使用 QQ 已然成为一种习惯。虽然新用户增长速度不是很快，但是老的用户也并没有多少流失，QQ 空间的用户活跃度并不低。企业可以快速抓住这一部分老用户，维护并服务好这一群体。

至于 BBS 和企业专有的论坛，一群人在那里聚集本身就说明了对企业和产品有着浓厚的兴趣，企业对这里的用户，那是万万不可以怠慢的。

除了这些平台可以作为企业服务的渠道以外，在企业内部，新员工的加入也是企业做好用户服务的一个好举措。因为服务工作烦琐而冗长，产品数据发布、节假日促销活动、售后维修申请、消费者投诉等，这些工作有时候会让专门的客服人员应接不暇、力不从心，以至于造成服务质量的下降。如果企业有更多的员工加入其中，就能更快更好地把用户的问题解决。

TCL 公司已经提出了“全员营销，全员客服”的口号；小米在这之前就已经捷足先得；“海底捞”更是每一名员工都会在看到顾客的第一眼就主动过去招呼，面对顾客的问题，所有的员工都有义务也有责任回答。

所谓“全员营销，全员客服”就是企业的全体员工，无论级别、职务，无论从事什么工种，都是“客服人员”。当然“全员客服”并不是真的让每个员工都真正地去做客服，而是让每个员工在心里都把自己当作客服人员，在面对用户的时候，真正从公司的利益出发，站在用户的角度，尽自己所能，配合客服人员帮助用户把问题解决好。

在小米，雷军就是头号客服，只要有时间，他就刷微博、刷微信，看到用户的问题，他会在第一时间回复并尽快解决。黎万强、林斌这些高管以及小米团队的所有成员，都会随时出现在小米的官方服务平台上，解答用户提出的问题。

成功的模式不可以复制，但成功的经验可以学习。刚刚开始创业的企业，尤其是创客企业，在把控好产品本身的质量细节以外，一定不能忽视对用户服务的关注。服务也是你产品的一部分，而且是最贵的那一部分。做好服务与做好产品同样重要。

6.4 让用户有存在感

在当今社会，随着经济的发展，温饱和刚需已经不是人们购买商品的主要诉求，尤其是一些层次较高，也有着较高消费能力的人群，他们消费的目的，更多的时候是追求一种存在感和荣耀感。这也就是为什么奢侈品市场的商品永远都是价格高得让普通消费者不敢想象，却永远也不缺顾客的原因。

作为初始创业的创客，一开始不可能做到奢侈品的层次，但是用你的产品和服务，给你的消费者带来存在感，让他们感受到自己的身份和被尊宠，却是可以做到的。

在中国多数人的意识中，物美价廉是最受人们欢迎的。但是，温州大学城两个年轻的小伙子——温州大学机电工程学院学生俞科和他的学长李易，却走国际路线，以“高大上”为卖点，在“速卖通”仅仅用了一年的时间，就从老外口袋里“淘”走了487万元人民币。

俞科他们在2013年刚接触淘宝的时候，就觉得淘宝市场已经接近饱和，利润空间小；相反，针对国际市场的“速卖通”，虽然流量不大，但是利润空间大。于是，他们把目光锁定在了“速卖通”上，并决定把温州男鞋作为自己的产品，走“国际范”，把产品的“高大上”当成卖点。而对于他们来说，高端产品的利润空间要比普通鞋子高几十倍。

与其他国际男鞋网店以“价廉”取胜不同，俞科他们卖的鞋子价格都不低，每双 30 ～ 50 美元。虽然价格不菲，但，他们出售的都是高端皮鞋，皮鞋全部都是纯手工制作，且都是真皮，做工和质量与全球很多奢侈品牌的皮鞋不相上下。而同样品质的皮鞋，在国外的专卖店至少需要 100 美元。用一半的价格买到这么好品质的鞋子，自然能够受到顾客的关注和喜爱。而且，他们只做经典款，从不追求时尚。因为欧美地区的男性客户更注重自身形象，他们永远喜欢不变的变化——明明理了发，却让外人看不出来，同一款式的皮鞋他们会准备好几双，所以他们更加青睐经典款。并且，相比较时尚而言，他们更加注重鞋子的舒适程度。

根据欧美人普遍身材魁梧的特点，俞科他们专做大码鞋，最大鞋码可以做到 52 码，这让很多不好买到大码鞋的顾客成为他们的忠实客户。对于有特殊需求的顾客，他们还提供私人定制服务，对于老客户，他们都有资料存档，只要报出姓名，就可以调查客户的所有资料。在与有些客户交易的过程中，他们有时候是赔本的，但是，留住的顾客都会成为他们的忠实客户。

俞科的产品和服务，让很多顾客感受到，他们的这个小店就是为自己而开的，这个小店有他们的资料，知道他们需要什么，他们的特殊要求，在这里永远能够得到满足。这里的东西高端经典又有品位，在这里能够找到一种优越感和存在感。而这样的感受是在其他地方无法找到的。而对于俞科他们来说，顾客的这些感受，带给他们的是忠实的客户和产品持续的销量，以及这些销量带来的真金白银。

马云曾经说过，人性的弱点让很多人需要借助假名牌找到存在感。我们不去评论马云这句话是不是在为造假者开脱，但是马云的这句话带给创业者一个启示：在人性是有需要找到存在感这一本质特点的。在创业的时候，很好地利用人性的这一特点，满足消费者这一需求，就不用担心你的产品没有订单。

2013年5月，在众多的订餐平台上，多了一个另类选手——“美位网”。美位网是一个针对高层次高消费人群的订餐平台。这个平台在为用户提供高端餐厅预订的同时，还高调地搭上了鲜花、私人保镖、乐队演出甚至私人包机预订等“豪绅式的管家服务”。在这个平台上预订餐厅，用户在享受服务的同时，更可以享受到一份尊贵，感受到自身不菲的价值。

在“美位网”的创始人蒋逸雯看来，虽然现在的订餐平台非常多，但是，一方面这些平台不能满足高端用户的订餐需求；另一方面，也不能满足高端餐厅的营销需求。所以，蒋逸雯产生了只做有钱人生意的想法，她要给有钱人找到一个能够体现他们身份价值的用餐场所，同时为高端餐厅找到一个有钱的用餐群体。

为了把这个平台打造成高规格、高品位的平台，“美位网”在上线初期的首批500名用户均为定向邀请，保证了平台用户的精准高档次定位。“美位网”对这些用户的要求：年龄在22～55岁、有一定消费能力、有美食美酒鉴赏能力、对餐厅环境和服务有一定的要求。

而如何找到平台另一端的高端餐厅，也成为美位网面临的第一个考验。因为高端餐厅通常更在乎品牌形象，他们排斥团购，更不会以价格取胜。这类餐厅一般人均消费通常在250元以上，但是，因为消费水平高、本身客流量相对较低、顾客习惯直接到店消费等特点，这样的餐厅网络覆盖率并不高。因此，一个用户定位更精准、不以价格为导向的网络渠道对这类餐厅来说还是有一定吸引力的。

美位网与其他餐厅O2O平台的不同在于，除了订餐，他们在增值服务上有更大的想象空间。由于用户偏高端，美位网可以在订餐的同时搭上鲜花预订、蛋糕预订、租车、酒水、乐队演出，甚至私人包机、私人保镖等增值服务。高端的餐厅加上一站式管家服务，用户在这里用餐，除了能享受到细致周到的服务，更是一种身份的象征。

上线半年多的时间，美位网就收到了增值服务的订单800多个。初战告捷，意味着这个平台已经得到了用户的认可。

马云说过："企业最核心的问题是根据市场去制定你的产品，关键是要倾听客户的声音。"创业者最应该明白的一个道理就是：创业者懂营销比懂技术更重要。

在创业者和产品都如过江之鲫的今天，消费者想要得到的往往并不是产品本身带来的消费功能，很多时候，消费者购买的是一种心理享受和心理满足感。创业者在了解消费者表面需求的同时，更要能够倾听到消费者内心的声音，弄清楚客户想要在哪些方面有一个更好的体验，消费者内心真正的需求是什么，怎样做才能给客户带来更大的惊喜……了解了这些，才能针对消费者的真实心理状况，打造自己的产品和服务，并让消费者认可和接受，从而产生购买行为，甚至二次、三次、N次购买。这样，你的产品也就有了市场。

6.5 以用户为中心，与用户互动

让消费者参与互动、自传播和进行产品分享，是用互联网思维方式进行营销的特点。在移动互联网时代，消费者对移动智能终端的使用已经普及到了生活中的方方面面，可以说，传统消费时代的消费者是在大街上，移动互联网时代的消费者是在手机里。

移动智能终端的使用，信息的高速传播，也改变了消费者的消费理念。移动互联网时代的消费者的购买需求正在向着从购买产品转向购买体验，继而再到购买关系这样的方向发展。他们除了注重对产品的体验之外，更愿意参与其中，希望与企业之间有一个互动。而对于企业来说，抓住消费者的这一消费心理，让消费者参与进来，与企业之间形成互动，是企业赢得用户的一个非常好的渠道。

企业与用户互动，包括两个方面：一方面是企业充分听取用户的意见，让用户参与到产品研发与设计当中，让产品更符合用户真实的需求；另一方面是让用户参与到产品传播当中，在企业与用户之间、用户与用户之间形成互动。

2014年3月，在北京推出了一个叫作“叫个鸭子”的餐饮外卖平台。

他们的主打产品取材于河北白洋淀无催化的生态鸭，在制作和食用方法上，也不同于传统烤鸭的卷饼蘸酱方式，而是通过秘法腌制高温加热而成。

在“叫个鸭子”，负责用户运营的团队都是“90后”，他们不只是卖鸭子，他们是要跟用户交朋友。“叫个鸭子”的配送团队，对于用户除了订餐之外的其他需求，都尽量去满足，比如帮助用户带包烟或者走的时候顺手带走垃圾这样的事情，他们都会去做。

最奇葩的事情是，在谷歌的智能穿戴设备Googleglass还未引进中国的时候，他们就已经有了四副Googleglass，“叫个鸭子”的配送团队“鸭王”就带着土豪的Googleglass去给用户送餐。在与用户见面的时候，自然而然地就与用户互动起来了。

“叫个鸭子”的用户运营团队都很会洞察用户，他们知道什么时候该做什么样的事情。当然，在这件事上，“叫个鸭了”的创始人曲博是充分放权的。

这其中还有个温馨的小故事：有个顾客打电话订餐时说：“之前在你们家点了很多次，都是送给女朋友和她父母的，自己还没吃过。现在和女朋友分手了，我想自己点一只尝尝。”用户运营小温听了觉得很难过，就给他免单了。

曲博说：“我是很鼓励他们免单的，每次免单就会有一个故事，品牌需要故事来积累。”

他们的营销模式，充分体现了互联网思维中个人的参与、分享和传播的特点，一切以用户为中心，让用户参与到他们的营销过程当中。从名称到产品再到服务，都有他们自己的独到之处，在赚足了用户眼球的同时，也吸引用户不自觉地去传播和分享。

运营半年多的时间里，“叫个鸭子”的回单率有60%，用户90%以上是女性。这些用户有很多共同的特征：“年轻白领”“爱好新奇”“乐于分享”，这些用户在品尝过美味的鸭子后，也正在逐渐变成“鸭血粉丝”，把自己的体验和感受分享出去。

> 除了营销方面的参与之外，在最具核心竞争力的产品上，“叫个鸭子”也是积极让用户参与其中。虽然有自己独特的腌制秘方，但是“叫个鸭子”也有自己跟消费者互动的平台。在这个平台上，消费者可以根据自己的感受，对鸭子的口感制作以及周边产品等方面提出自己的建议，“叫个鸭子”也会参照用户的建议，对产品进行改进和更新。

也许，“叫个鸭子”在很多地方做得还不是很完美，产品本身的品质以及用户参与分享方面还有待改进，但是这并不重要。而且，这些也不是我们要去评判的主题。

我们要说的是，在移动互联网时代，企业和用户之间、产品和消费者之间，正在以另外一种方式面对和相处。消费者从被动地接受产品到主动选择产品再到参与产品研发制作过程中，身份地位都在发生变化，消费需求也在改变。对于产品，他们不只是被动购买，他们希望参与其中，愿意在享受和欣赏的同时把自己对产品的感受传播和分享出去。

企业只有读懂移动互联网时代消费者的消费心理，及时切入新的市场增长点，不断寻找新的发展方向，找到新的运营模式，保持对未来趋势的高度关注，才能有效地应对市场激烈的竞争。

所以，创业者在企业创立之初产品定制的过程中，首先需要充分考虑消费者的这些心理需求，在产品研发及更新迭代的过程中，让用户参与进来；而在产品营销的过程中，更要利用好消费者的消费心理，以用户为中心，与消费者互动起来，让消费者以自传播的方式，帮助企业推出产品。

在移动互联网时代，高度发达的信息传播速度，让人群的聚集在很大程度上摆脱了地缘、亲缘、业缘的束缚。因为志趣相投，消费者相互之间可以相互传播和分享很多信息。一方面，信息的高速传播让消费者有了更多的信息量，从而让他们在消费观念上有了新的想法；另一方面，企业可以利用消费者之间相互传播和分享信息的特点，用产品和服务把消费者变成自己的忠实粉丝，利用他们把自己的产品信息病毒式地散发出去，完成产品的市场推广。

6.6 专注：让喜欢你的人更喜欢

目标客户是指企业或商家提供产品、服务的对象。目标客户是市场营销工作的前端，只有确立了消费群体中的某类目标客户，才能展开具有针对性的营销事务。企业营销专家丹•S. 肯尼迪说 ：“每一种产品、每一种服务、每一种行业都会对某一特定人群，而非所有人群产生吸引力或潜在吸引力。”

小微创客企业的资源是有限的，所以要从自身的特点和实力出发，选择适合自己的消费群体作为目标客户，专注于向他们提供具有针对性的产品和服务，通过满足客户的需求，获取相应的利益。

“三只松鼠”成立于2012年，是安徽芜湖一个经营坚果、干果、茶叶等森林食品的互联网品牌。他们通过京东、天猫等电商平台进行线上销售，自2012年起，已连续三年在“双十一”刷新坚果类的销售记录。

“三只松鼠”与其他坚果品牌的不同之处在于，它设计了三只可爱的松鼠形象，并赋予它们健康和萌趣的概念，让消费者在购买坚果类产品时，第一时间就联想到该品牌。

“三只松鼠”的品牌目标群体定位是喜欢网购的“80后”和“90后”，所以从品牌命名开始，就很注重契合目标群体的特点。“三只松鼠”的CEO章燎原认为，互联网的主流群体是“80后”和“90后”，他们非常年轻，所以品牌名称除了要好记，还要好玩一些，结合这两个特点，很自然就联想到了小动物，于是就有了“三只松鼠”名字。

“三只松鼠”在包装上颇费心思，为了“做一只讨人喜欢的松鼠”，他们将顾客与客服的关系演化成主人和宠物的关系。设计了三只色彩鲜丽、活泼可爱的松鼠形象，而且每只松鼠都有自己的名字，分别代表着不同的性格。松鼠小贱，又萌又贱，略带草根气质，迎合普通工薪阶层的心态；松鼠小酷，技术宅男，喜欢发明创造，对新鲜事物充满好奇，符合大多数宅男的气质；松鼠小美，温柔美丽，是很多年轻女孩的形象代表。这些可爱的卡通形象深受消费者的喜爱。

“三只松鼠”为了适应消费者的需求，特意将售前客服进行了分组，作为“主人”的顾客，如果倾向高端、大气、上档次或者奔放、洋气、有内涵的话题，可以找小清新文艺骚年组松鼠接待。而如果想听各种段子，重口味、无下限的话题，则由丧心病狂组负责接待。这种锁定目标消费群体的营销方式，极大地满足了顾客的消费体验，因此增加了很多回头客，二次购买率不断上升。

除了产品包装上可爱的松鼠卡通形象，打开包装盒之后，消费者还会发现更多的惊喜：分装袋、夹子、垃圾袋、纸巾等吃坚果的工具一应俱全，这些细致入微的服务让“三只松鼠”牢牢抓住了消费者的心。

“三只松鼠”还通过后台数据精确掌握顾客的购买信息，比如购买产品的内容、购买频率、购买打折商品的比例等。在进行认真分析之后，展开一对一服务，以保证客户收到的包裹和包裹中的用具能够时时更新。

准确的目标消费群体定位和周到细致的服务，让消费者记住了“三只松鼠”这个品牌，并逐步发展成为这三只小松鼠的忠实粉丝。

随着市场经济的不断发展，消费者的选择余地越来越大，企业之间的竞争也越发激烈。这种局面下，微小创客企业与大中型企业比较，无论在经营规模还是经营范围上都处于劣势。因此，创客企业只能通过对目标市场进行细分，对消费人群进行精确定位，借助差异化来谋求生存和发展空间。

任何一个企业，产品做得再好都不可能赢得所有客户的喜爱，创客企业要做的就是：明确企业的目标消费人群在哪里，核心用户是哪些，深入了解这部分人的需求。只要抓住那些喜欢自己的目标客户，有的放矢地把产品和服务做好，就足以让企业发展壮大起来。

创客企业要摒弃“小而全”的经营理念，将资源集中到特定领域，将焦点缩小到核心业务，将营销重点锁定在目标客户，逐步把目标客户从“路人”变成“粉丝”，再从“粉丝”变成“死忠粉”，当消费者一旦形成消费偏好之后，就比较难再“移情别恋”，这样既能减轻企业的竞争压力，又降低了企业的营销、推广成本。

创客企业在为客户服务时还需注意以下几点：

（1）随着市场的变化，消费者的需求呈现多样化趋势，及时满足客户新的、个性化的需求，能够让客户体会到企业对他的重视，从而增加对企业的信任和依赖。

（2）当消费者对产品或服务提出意见时，企业应该予以快速回应，并积极解决问题，这样会在用户心目中留下良好的印象，有助于形成口碑传播。

（3）为客户提供超出预期的产品或服务，给消费者惊喜，除了能够吸引其再次消费，还能提高客户满意度。

（4）加强与客户的互动与沟通，建立完善的客户关系管理体系，从而降低客户流失率，提高客户忠诚度，实现客户价值持续贡献，进而全面提升企业盈利能力。

创客做企业首先要在产品、技术、管理上不断开拓创新，专心将自己所选定的产品做好；其次要锁定企业的目标消费人群体，为他们提供更好的产品和服务。创客只需做“小而美”的企业，“放弃不喜欢的，让喜欢的更喜欢”，专注于满足目标客户的需求，也能够实现企业经济利益的最大化。

<<< 第七章

营销推广：让你的初创企业名声响亮

随着企业经营理念由原来的注重生产、产品、销售逐渐向营销推广转变，营销推广在企业经营中所占的地位越来越重要，一个不重视营销推广的企业迟早逃脱不了被市场淘汰的命运，而竞争日趋激烈的市场也绝不会怜悯这类企业。

创客企业置身“大众创业、万众创新”的“互联网 +”时代大潮中，若想成为市场大海中的弄潮儿，就必须高度重视并切实开展企业营销与推广。把握大好时机“始于创造创新、赢于营销推广”，点亮属于自己的光芒。

7.1 给公司起个让全世界都能记得住的好名字

电影《海上钢琴师》中有一句话：“只要你有一个好故事，你就永远不会被忘记。”其实，无论对于人还是对于一个公司来说，不被人忘记的不仅仅是你的故事，还有你的名字。只要你有一个好名字，你同样不会被轻易忘记。

创办一家企业，首先要有一个好名字。一个独特响亮的名字，不仅可以得到更多用户的关注，还可以提升公司的业绩。名字取得恰当，可以提高人们对品牌的认知度，聪明的创业者在为公司起名字时所下的功夫，丝毫不亚于在考虑创业思路和撰写商业计划书方面所做的努力。

纵观商业史上一些成功的大企业，在创业之初为公司取名字的时候，都是创业者经过多次思考，智囊团亮出集体智慧的结果，甚至为了一个好的名字，有的企业不惜斥巨资将其买下。从 8848 到阿里巴巴，从网易到百度，更有 Google 斥资百万赎回两个 CN 域名的史上佳话，每一个响亮的名字背后都有一个神奇的故事。

我们来看看阿里巴巴名字的故事：

最初创立阿里巴巴的时候，马云就把未来的公司定位为一家全球化的公司。所以，当初起名字的时候，马云就要求名字一要响亮好听，叫起来不拗口；二要体现国际化特点，因此公司的名字要是全世界人都知道的。

马云思索了很久也没有结果，直到有一次他在美国一家餐厅吃饭时突发奇想，问餐厅服务员是否知道“阿里巴巴”这个名字，服务员不仅知道，而且还告诉他阿里巴巴打开宝藏的咒语是“芝麻开门”。马云一下子豁然开朗。这之后，马云又在各地反复地询问其他人，经过反复测试，马云发现，阿里巴巴的故事几乎被全世界的人所熟知，而且，不论语种，发音也近乎一致。“从我外婆到我儿子，他们都读阿里巴巴。”就这样，一锤定音，马云将“阿里巴巴”确定为公司的名字。

马云自己的解释是：“我取名字叫阿里巴巴不是为了中国，而是为了全球，我做淘宝，有一天也要打向全球。我们从一开始就不仅仅是为了赚钱，而是为了创建一家全球化的、可以做102年的优秀公司。”

马云的阿里巴巴能不能做102年我们不知道，但是阿里巴巴走向全球如今确实是做到了。

名字是成功创业的第一步，一个好名字可以在多方面帮助一家公司，同时可以帮助产品快速打开市场。那么，什么样的名字是好名字呢？简洁、通俗、叫着顺口、不难记……这肯定不错，应该包括这些，但这些只是一个通用法则，一个好的名字一定不仅仅局限于此，它必须还有更美好的内涵和外延。

1. 与众不同，彰显个性

一个独特有个性的名字，能够在第一时间让你的公司从众多同类公司中凸显出来，引起消费者的关注，而且，在以创新为主体追求的市场大环境下，它的独特和个性化，还可以帮助公司快速取得市场地位。

2011年，一款叫作“江小白”的青春系列白酒面世，与中国传统的白酒讲究历史底蕴和追求文化的厚重感不同，“江小白”追求的是时尚和清新。他颠覆传统，以“文艺和青春的名义”打造一种清新简单的酒文化。他以醉酒慢、醒酒快和柔和、甜润的国际化口感为特征，把目标人群定位在时尚有个性的“80后”“90后”这两个年轻群体上。

用“江小白”作为这一系列白酒的名字，既简单、时尚，又具有个性，富有文艺气息。颠覆了传统酒文化的厚重感，给中国酒业带来一股清新的气息。

江小白一问世，就在年轻消费者当中得到高度认同，成为“中国白酒时尚化创新第一品牌”，并成为各地酒企争相模仿的对象。

2. 取一个有文化内涵的名字

独特新奇的名字固然可以吸引眼球，但名字的含义也是非常重要的。一个具有好的含义的名字，会给企业带来希望和动力，甚至影响整个企业经营过程中的企业文化。

“百度”二字来源于中国宋朝词人辛弃疾的《青玉案》诗句：“众里寻他千百度”，象征着百度对中文信息检索技术的执着追求。百度的追求就是致力向人们提供“简单，可依赖”的信息获取方式。百度从众多搜索网站脱颖而出且长盛不衰，甚至一度超过谷歌，成为全球最大的中文搜索引擎。不能不说“百度”这一有着很深的文化内涵的名字起了很大的作用。

3. 根据自己的产品特点、发展愿景来取

公司成立之初，每个创始人都会有一个未来的发展愿景和目标。把自己的目标放到公司的名字里，作为企业经营过程中的一种追求，能够时时激励创业者及其团队朝着自己追求的目标努力。

“网易”名字的由来，是因为其创始人丁磊感觉到在当时的中国，上网是一件让人生畏的事情，而网易要做的就是使这种情况发生改变，让上网变得容易些。只是因为当时的netease.com已经被人注册了，丁磊只能注册了nease.net和nease.com。但是，一年后，网易还是从别人手里买下了netease.com的域名。后来网易推出的免费主页、免费域名、免费信箱等，也实实在在地向中国人证明了，网易通过自己的努力，确实让中国人上网变得容易起来。

4. 名字要能反映公司的经营内容

取一个能直接反映公司经营内容的名字，让人一眼就能看明白，这本身就为你的产品做了一个最直接、最永久的广告，这也是最简单也最不容易出错的取名方法。如果你没有好的创意和想法，那就按照公司的经营内容取名字吧。

“大姨吗”是一款针对女性生理周期来研究和关注女性健康的手机APP（第三方程序应用软件）。人们看到“大姨吗”的第一眼就能想到女性的生理周期，能直接地感受到这是一个跟女性生理周期有关的东西。“大姨吗”的创始人柴可说，取名“大姨吗”，原因就是为了取其唯一的含义，跟亲属关系上的“大姨妈”区别开来，而且“大姨妈”作为一个名词，也不能在工商局注册。

名字对于企业而言无疑至关重要，它不仅影响企业今后的发展前景，还会影响到消费者对企业的认可度。一个企业的名字与企业的产品同等重要。一个好名字，会是企业的活广告，能为本企业提高知名度。虽然名字的字数并不多，但只要它与众不同、别出心裁、通俗易懂，就能带动企业的发展，也会在无形中起到很好的传播和推广作用。

家喻户晓的“蒙牛”“联想”“移动”“联通”“京东”等名字，都是让人容易记住的好听的名字。如果你是一个初创业者，那么，你很有必要在企业的名字上细细思量，因为它有可能直接关系到企业未来的发展。

7.2 卖货已落伍，卖价值主张正在兴起

一枝玫瑰，一般也就卖几元到几十元。但有一家叫 Roseonly 的公司，一枝卖 999 元的天价还引来一片叫好声。

2013 年 2 月初，一家名为 Roseonly 的网络花店一夜之间在微博以及微信里疯转。很多女士在收到 Roseonly 的玫瑰后，感动地哭了。

Roseonly 与其他鲜花网店最大的不同，在于提出了"唯一"这个概念：任何人通过 Roseonly 送花，一辈子只能送一个人。用户在注册填写资料就会绑定唯一的赠予者，永远无法更改。在 Roseonly 买花之后，会生成一个由送花人和受花人共有的唯一码，并为二人形成一个独立的页面。

"一生只送一人"，Roseonly 卖的不是花，而是一个庄严的承诺，一个坚守的价值观。可以这么说，用户花 999 元买一枝玫瑰，其中 9 元是玫瑰的价值，990 元是"一生只送一人"这句表白的价值。

如同我们为人处世，每一个选择其实都是遵循内心的价值观。你认为什么最重要，就会选择什么。具体到买花送人，有认为价钱最重要，有认为品质最重要，其中也不乏有认为送花所传达的情意最为重要。Roseonly 敏感地捕捉到了后者的"购物价值观"，通过不断强化"一生只送一人"，取得与这部分用户的高度认可与共鸣。

这个所谓的"购物价值观"，就是用户价值主张。企业要想通过卖"价

值主张”赚钱，必须先了解什么对用户来说什么是最有意义的，即对用户真实需求的深入描述。然后再挑选最有价值的目标用户群体，也就是将目光锁定最肥的那块肉。最后，将这个价值主张关注于商品的制造（或进货）、包装、营销、客服，不断地通过强化价值主张来赢得用户的芳心，并区隔于竞争对手。

在美国商业思想家塔勒布出版的《黑天鹅：如何应对不可预知的未来》一书中，举了一个火鸡的例子：

> 一只火鸡从出生开始，就得到了主人的良好照顾，虽然行动受限，但每天都有新鲜的食物和充足的水源，不用像耕牛那样下田，也不用像驽马那样驮物。饭来张口的好日子过了1000天，直到复活节的前一天。按照惯性思维，火鸡认为主人还是会来喂食，没想到大限已至，喂食的那只手变成了拧断脖子的那只手。火鸡所幻想的吃饱喝足、饭后徒步的美梦已经彻底崩溃，因为它已经长大，而复活节就在明天——吃烤火鸡是必备的节目。

脑子里只想着“卖货”的企业，就是那只复活节在即的火鸡。创客在创业时，不妨通过梳理“价值主张”来赋予产品新的内涵，提升其附加值。

身处创客时代，仅仅满足于产品功能的价值主张不再是主流。消费者更多的是看重这个产品带来的情感、精神上的享受，以及在购买这个产品的过程中，消费者所获得的某种尊严和服务。

7.3 自媒体的狂欢：小微创客也能怒刷存在感

自媒体又称“公民媒体”或“个人媒体”，是指对私人化、平民化、普泛化、自主化的传播者，以现代化、电子化的手段，向不特定的大多数或者特定的单个人传递规范性及非规范性信息的新媒体的总称。自媒体平台包括博客、微博、微信、论坛等网络社区。

其实，自媒体就是利用网络平台发布信息的一种新媒体，目前有很多个人和企业都在使用自媒体进行宣传，且效果显著，可见其前景非常美好。因此，小微创客企业也可以通过自媒体来进行品牌推广和产品营销，让更多的消费者通过自媒体了解企业和产品，在挖掘潜在客户的同时提高企业知名度，促使企业获得更好的经济效益。

黄太吉是北京一家经营煎饼果子、油条、豆腐脑等传统美食的特色餐饮小店，创始人赫畅曾先后在百度、谷歌、去哪儿网等公司任职，他的互联网背景为这个煎饼果子店开启了一条不同寻常的营销之路。

黄太吉的店面在国贸 CBD 一个不起眼的位置，每天却有很多食客慕名而来，这一切都得益于黄太吉的微博营销。

微博是由创始人赫畅亲自打理的，他经常会在微博上抛出一些有意思的话题，比如老板开奔驰送煎饼、美女老板娘、煎饼相对论等，这些内容迅速成为微博上“吃货们”津津乐道的话题。在黄太吉的微博里，时常会晒一些与消费者真诚交流的信息，这些互动让粉丝感觉非常贴心。另外，还发起过“最大订单”的竞赛，既增强了消费者的参与性，又促进了销售。很多顾客就是因为被微博吸引才前往黄太吉就餐的。赫畅说：“没有微博，我们这样的店是开不起来的。”

黄太吉在店面的设计上也“别有用心”，细节之处见功夫。诸如“所有汉堡、比萨都是纸老虎”“在这里，吃煎饼、喝豆腐脑思考人生”等广告语新潮时尚，趣味性强，非常贴近年轻人的生活。食客见到这些好玩的东西会第一时间发微博分享，这让消费者无形中成了黄太吉的义务宣传员。店里还提供免费 WIFI，目的就是建立一个分享的环境和氛围，让大家快速地把自己的用餐经验分享出去，传递给自己的亲朋好友。

黄太吉不仅使用微博，还有大众点评、微信、QQ、陌陌等各种社会化媒体形式。特别是微信、陌陌等即时通信工具，为订餐服务和推送促销信息提供了极大方便。在推广过程中，除了主推网络媒体，他们还通过上北京电视台的 BTV“美食地图”节目让更多的食客认识了黄太吉，影响力因此扩散到全社会。

赫畅认为善于利用网络媒体，将是每一个要开店、做餐饮的中小商户老板必须掌握的技能。不懂或者不会利用的话，即使做事投入了 100% 的精力，成功的概率可能也只有 30%。

小微创客企业可以根据自己的领域、定位，寻找合适的方式建立自媒体平台，用来推广企业和产品，吸引目标用户群体，以达到最佳的营销效果。那么，企业做自媒体都需要注意什么呢？

1. 注重内容，创造持续影响力

小微创客企业可以通过分析目标受众需求，精心制作自媒体内容，在信息中传递出关于产品各方面的理念，把企业自媒体打造成向用户提供有价值信息的平台。引导用户对企业价值观产生认同感，这对于企业最终实现商业目标具有重要意义。

参与热点事件的讨论，将企业产品与契合企业特质的热点事件结合，寻找恰当的关联展开讨论，积极与各自媒体公共平台用户互动，提高用户对企业及产品的关注度，加强他们与企业自媒体的黏合度。

企业还可以通过讲述微故事，或者企业家趣闻、员工工作、生活花絮、职场故事等方式吸引用户注意力，潜移默化地传递企业文化；从用户情感诉求出发寻找共鸣，这不仅能让人印象深刻，还有利于信息在自媒体平台的广泛传播。

整合企业自媒体平台，将官网、微博、微信、博客等自媒体模式整合起来，做为企业统一的官方对外宣传平台，统一发声。

2. 塑造个性，维护关系，加深感情

小微创客企业自媒体可以通过个性魅力来影响受众，企业要根据自身产品属性和企业文化，树立自媒体的独特气质，加强用户认同感，以吸引忠实粉丝。

企业自媒体需要维护与自媒体平台中各色人的关系，保持与粉丝的频繁互动。平等、自主地分享感受、沟通交流，基于这种交流机制建立的关系会更稳定，更具黏性。此外，还可以建立与明星、大V、名人的亲密关系，他们拥有众多粉丝，借助他们可以建立与普通粉丝的感情，通过他们的力量来扩大信息传播的范围和影响。

情感沟通能表现出企业对粉丝的重视和善意，沟通的形式包括节日和平常时间的一句问候，解决用户的问题，表达对用户的感谢与祝福等。这些做法可以拉近与用户的心理距离，增强用户对企业的认同感，从而逐渐形成用户对企业和品牌的依恋。

小微创客做营销推广的困难在于：既难组建完整的宣传团队，又没有充足的资金支撑广告支出，所以利用自媒体低成本、高效率的特点来推广产品，塑造品牌，是非常行之有效的办法。自媒体时代的小微创客也可以怒刷存在感，把自己打造成“小而美”的企业，拥有自己的粉丝，成为赚钱的公司。

7.4 口碑效应：从卖产品到卖品牌

互联网时代是以口碑选择产品的时代，过去口碑的传播仅限于小圈子，再往外扩散的时候很容易因各种缘故中断，而今天微信、微博这样的大众传播媒体，让整个口碑传播的信息链条的范围提升了成百上千倍。只要有一个好产品，再创立一个好品牌，它就可以瞬间得以传播。

创客们借助互联网和新工具，实现了产品的自设计、自制造，从而完成了从创意到产品的转化，接下来要面对的就是营销了。美国著名的营销专家拉里·莱特有句名言："未来的营销是品牌的战争。"因此，创客在创造高品质创新产品的同时，也要考虑建立和培养自己的品牌，以实现从卖产品到卖品牌的升级。

2015 年伊始，一篇"乐纯现身帝都三里屯"的微信在朋友圈疯狂流转起来，一天就超过 10 万的阅览量。很多明星粉丝像冯绍峰、王珞丹等，都为其点赞。

乐纯是什么？它受到网友热捧的原因又是什么呢？

"乐纯"是一款酸奶的名字，在国内酸奶市场，这款酸奶的价格可以算是酸奶中的奇葩了：每瓶 130g 的酸奶售价 25 元，更为奇葩的是几乎每个喝过"乐纯"的网友，在网上的评价都是"25 元一瓶的价格太便宜了”。

从小痴迷于酸奶的张喃喃，毕业于法国蓝带厨艺学院，在回国度暑假的时候，发现了国内市场上的酸奶大多都是有添加剂的，不仅影响口感，而且对健康也不利。通过市场调查，她发现有很多高层次的消费者跟她有同样的感受，而当前国内市场上，却没有一个能够满足这一群体需要的产品。于是，张喃喃有了自己研发酸奶的想法。

三个多月的时间里，凭着自己最喜欢的那款欧洲酸奶的配方表，在自己的酸奶实验室里，张喃喃共消耗掉四百多罐试验品。她不断地请美食圈的朋友来试吃，调整配方和工艺。最终成功试制出了口味和质感完全一样纯净的酸奶，创立了“乐纯”这一酸奶品牌。

酸奶发布后每周限量 100 份，这 100 份酸奶每次都在 30 分钟内被一抢而空，几乎每个喝过“乐纯”的网友都会在网上给予好评。

有了网友的认可，张喃喃进一步在酸奶的口味上下大力气，她组织团队进行了大量尝试，在尝试了大约 3000 盒实验酸奶后，最终敲定了原味、椰子玫瑰、香草栗子、青黄柠檬四个配方进行改进。同时，在网络上公开自己的四种口味的酸奶配方，“乐纯”公开的配方，不只是基础的配方，而是把每一款产品的详细配方都完全公开出来，具体到每一种原料用了多少克、如何制作的以及具体细节步骤的温度、时间等，全部与消费者分享。如果用户想要自己制作，那也完全没有问题。像开源软件一样，通过开放、平等、透明的方式，邀请大家一起参与进来，做一款纯手工的好酸奶。更重要的是，任何人都可以对这些配方、包装、门店乃至从手工坊到批量生产的细节提出自己的改进意见。

2014 年 11 月，“乐纯”在北京三里屯这个潮人聚集的地方，开了第一家门店，并有了我们提到的被网友疯狂转发的那条微信。

“乐纯”的成功，一方面源于它独到的品质和口感。更为重要是，“乐纯”从研发到生产的整个过程，一直都有消费者参与其中。

在“乐纯”研发初期，就有美食圈里的朋友不断试吃；产品研发出来以后，在网上以每周100份的限量方式发售，在产品售出的同时，得到了网友的意见反馈；产品配方的完全开源，以及邀请消费者参与制作的方式，为产品本身聚集了更多的人气；甚至“乐纯”的奶源都是粉丝帮助介绍的，“乐纯”的员工也是从粉丝群体中招募，包括品牌设计、定价等环节，都有“乐纯”的用户参与其中。这种方式，非常像小米的粉丝营销。雷军说过是粉丝创造了小米。我们也可以说，“乐纯”的品牌也是由它的粉丝创建的。

产品和品牌是有机结合的整体，产品是品牌的载体，品牌是产品的升华。品牌作为一种识别标志、一种精神象征、一种价值理念，是产品品质优异的核心体现。没有品牌的产品是在向大众推销，而有品牌的产品才能称为营销。从制造产品到建立品牌到运营品牌，是一个从量变到质变的过程。

过去，企业只要在产品的功能、设计、质量、价格上满足客户的需求就可以了。但随着卖方市场变成买方市场，消费者开始以品牌作为选择产品与服务的标准，同时更注重互动、人性化服务的消费体验，客户的品牌认知直接影响企业的命运。

创客企业，首先要创造高品质的产品，优质的产品是品牌的核心，没有好产品，何来好品牌？只有优质的产品才有生存空间，质量差的产品不管怎样推广与宣传，大众都是不会认可的。其次是做好产品定位，找准目标人群，并向受众清晰描述自己的产品，如果产品定位准确，符合消费者的心理需求，他们自然会购买。再次是产品的包装和价值塑造，美观、独特的包装设计会给消费者留下深刻的印象，这也是一种营销手段和品牌策略。最后就是强调产品的独特卖点，塑造产品价值，让消费心甘情愿地购买。

创客企业还可以让用户参与到产品创新和品牌传播的所有环节当中。“80

后”“90后”的年轻消费群体，他们希望亲自参与产品的研发和设计，希望产品能够体现自己的独特性，创客企业可以满足用户的这一需求，从说服客户购买变成让用户加深对产品的感知和体验，品牌的传播也会在用户的良好体验和分享当中完成。

创新是创客企业做好品牌永恒的主题，通过创新形成的差异化，正是品牌吸引消费者的魅力所在。通过持续不断地进行技术创新、产品创新、商业模式创新，品牌会不断焕发新的活力，拥有更持久的生命力。

一方面，互联网改变了过去产品依靠强势媒介与受众沟通的传播模式，特别是移动互联网让口碑传播变得更方便、快捷，创客企业可以通过微博、微信等自媒体迅速地推广和宣传自己的品牌。另一方面，如果企业产品或者服务做得好，超出用户预期，消费者也会自动帮企业宣传、推荐产品，且有可能成为品牌的忠实用户，这就形成了口碑效应。那些具有良好口碑、积极与网民互动的企业会赢得消费者更多的关注。

7.5 事件营销：有眼球的地方就有市场

事件营销是指企业通过策划、组织和利用具有新闻价值、社会影响以及名人效应的人物或事件，吸引媒体、社会群体和消费者的兴趣与关注，以求提升企业或产品的知名度、美誉度，树立良好品牌形象，并最终让产品或服务销售出去。

事件营销具有成本低、投入少、高收益的特点，是非常适合创客这类小微企业使用的一种营销手段。创客企业可以充分利用网络媒体传播速度快、受众面广等优势展开事件营销，通过吸引媒体和消费者的眼球，让自己的产品从众多同类产品中脱颖而出。

彩云通C卡是一种新型的消费卡，涵盖餐饮、电影、KTV、桑拿、酒店等多种类型的休闲娱乐类消费。它让消费者既能享受团购的优惠价格，又能享受VIP的尊贵服务，因此彩云通C卡在昆明受到了很多年轻消费者的青睐，被称作“吃喝完乐神器”。

2014年9月，昆明网友的微信朋友圈被彩云通C卡“团购男友”的话题刷屏，这一话题迅速在社交网络上扩散，随即引发热议，“到底这个团购男友是什么？”“真的能团购一个男友回家吗？”“彩云通C卡要涉足婚恋交友行业啦？”但此时，彩云通C卡官网上一片平静，这更让“团购男友”蒙上了一层神秘的面纱。

10月初，彩云通C卡开始在主流网媒和各大论坛、微博、微信上公布“团购男友”的套餐类型，包括温柔贴心暖男、优雅文艺青年、呆萌搞怪大叔等，各种类型的男友应有尽有，至此谜底终于揭晓了。

原来，“团购男友”是彩云通C卡策划的一场营销事件，是为了其新推出的一系列产品造势，所谓不同类型的“团购男友”，其实就是各种不同风格的套餐组合，目的是为消费者提供更丰富多样的选择。消费地点覆盖了昆明各大商圈，包含了吃喝玩乐等各方面的消费项目，这样既实惠又新颖的团购，引起了消费者的极大关注。

10月下旬，彩云通C卡的“男友套餐”正式在官网上线，其中“暖男”和“文艺青年”套餐销售最火爆，其他的“男友”也受到了不同程度的关注。

作为行业后起之秀，“团购男友”使彩云通C卡一跃成为2014年“事件营销”的赢家。整个网络营销过程在赚足大众眼球的同时，提升了自身品牌的知名度。

在这个信息爆炸、注意力稀缺的互联网时代，创客企业如果不能成功地走进消费者的视野，获得消费者的注意，就别想赢得市场。从这个角度来讲，事件营销是创客企业抢得市场先机的重要手段。

那么创客企业如何实施事件营销呢？

1. 明确事件营销的目标

目标是事件营销的驱动，事件营销的目的无外乎吸引媒体和消费者注意、进行产品推广和品牌传播以及激发消费者的购买愿望。所以不论事件内容的策划还是事件发布的渠道，都必须围绕着企业想要达到的目的去展开。有目的地进行事件营销，不但能够节省人力、物力，还可以在节约成本的同时，收到更好的效果。

2. 符合国家法律、遵守新闻法规

事件营销必须在国家法律、新闻法规范围之内行事，要有正确的价值取向，不要超越道德底线，否则对企业和社会都会造成严重的负面影响。

3. 以务实为本，靠创意取胜

创客企业进行事件营销应该靠诚意和创意打动消费者，这是决定整个事件营销成功的关键。首先，要实事求是，不要弄虚作假，以免公众在得知真相后对企业产生反感情绪，最终使企业的利益受到损害；其次，司空见惯的事情是吸引不到眼球的，事件营销要靠制造热点事件、创造新奇概念，来捕获消费者的注意力，盲目跟风注定要以失败告终。

4. “借势”与“造势”

创客企业可以采用“借势”和“造势”两种方式实施事件营销。在有社会热点新闻的时候，企业可以充分利用这个免费资源，借助热点话题提高企业在公众视野的曝光度，达到低成本做广告的效果；在没有符合企业自身发展需要的新闻热点时，企业可以模拟社会热点事件的发展过程来制造话题，将企业新闻变成社会新闻，在引起社会关注的同时，把企业品牌信息传递给受众。在互联网时代，一起成功的营销事件能够在网络媒体上多次且广泛地传播，成为公众关注的焦点。

5. 控制风险

创客企业在实施事件营销时要注意，利益与风险是并存的，要取其利、避其害，防止产生负面效应。事件营销控制风险最好的办法是：在事件营销前充分考虑有可能出现的风险并提前想好应对措施，做到事前有防备、事中有监测、事后有控制。

事件营销是创客企业进入消费者视野的敲门砖。随着市场竞争的升级，事件营销将会成为创客企业推介新品、推广产品、展示品牌的重要营销手段之一，这种营销方式能够帮助企业快速抢占市场，把公众注意力转化为市场销售力，这也是事件营销对于创客企业的最大意义。

7.6 搭便车：与名人扯上关系的，自然也是名人

名人是公众视野里出现频率比较多、比较熟悉的群体，名人的出现所达到的引人注意、扩大影响的效应，或人们模仿名人的行为和说话方式等现象称为名人效应。名人效应在营销方面的应用是非常普遍的，因为受众会把对名人的喜爱转嫁到对产品的喜欢，借助名人效应能够提高企业品牌知名度、美誉度，有利于树立品牌形象，从而打开产品销路。

目前在网络公共平台，名人逐渐融入大众的生活，随着名人粉丝数量越来越多，产生的名人效应也就更加明显。小微创客企业可以通过搭便车与名人扯上关系，让自己成名。借助名人的影响力提高人气、吸引粉丝，达到宣传企业品牌和文化、刺激受众消费的目的。

创办于2010年3月的聚美优品，是第一家也是中国最大的化妆品限时特卖商城。聚美优品的宗旨是致力于创造简单、有趣、值得信赖的化妆品购物体验。

2010年，创始人兼CEO陈欧牵手人气小天王韩庚推出聚美优品地铁广告，其新颖的“双代言”模式受到热烈追捧。

随后他亲自出镜为公司拍摄的“为自己代言”的广告视频，引起了“80后”强烈共鸣，在新浪微博掀起“聚美体”模仿热潮。

本来这两个广告之后，陈欧已经不想再为自己代言了。但是，

这个时候的陈欧已经成为名人。一方面，与名人的合作使他有了名气；另一方面，新颖的广告方式也吸引了众多的关注。而且名人效应给聚美优品带来的效益也是可观的。

于是，在徐小平等投资人的建议下，陈欧干脆彻底做起了自己公司的明星代言人。

接下来，陈欧不断出现在湖南卫视的“快乐女生”、天津卫视的“非你莫属”等综艺栏目中，他还曾与明星企业家张朝阳等人一起参加了著名的娱乐节目“天天向上”，在这个节目里，张朝阳是“可爱潮男”，陈欧则是“‘80后’创业新贵”。

2012年聚美优品发布的新版广告也由陈欧主演。

2013年11月10日，聚美优品励志广告《光辉岁月——我为自己代言》全网首播，广告时长达到了100秒。这次，陈欧邀请偶像歌手魏晨做主演。“陈欧＋魏晨”这样的养眼组合，一下子引起了网友的广泛关注，新广告上线不到24小时，点击率便突破100万。

从商业角度来说，陈欧从创业者摇身变为明星代言人的做法，为聚美优品节省了很大一笔广告费用，也带来了可观的效益。

陈欧从借助名人到自己成为名人，有他自身的优势，这样的事情不一定每个企业家都能够做到。但是，借助名人的名气，提高自己的名气，这样的法则在商界还是普遍可用的。

借势名人，不是请明星打广告，而是与名人建立关系，通过名人身份的影响，带动自己的名气，进而打造自己的个人品牌。名人能够帮助企业品牌形象化、具体化，在消费者心中留下深刻的印象。创客企业可以借助名人效应聚拢人气，使名人的粉丝有机会成为企业的目标受众或者潜在用户。创客企业如何利用名人效应进行网络营销，需要注意以下三个方面：

1. 定位准确，找准结合点

首先，定位要准确，要寻找符合企业形象、产品特质的名人。名人的形象、话题的互动都要与产品高度契合，一旦没有契合度，就偏离了营销主体，受众有可能只关注名人而忘记了产品，这就失失去了企业营销的真实目的。

其次，在进行话题互动时，要善于借助当前社会热点，将热点、名人、产品三者结合起来，以达到营销效果的最大化。无论是形象契合还是事件契合，在运用这些营销方式的过程中，关键是要找到结合点。

最后，企业所挑选的名人在形象上一定要正面、健康。名人代言某种程度上是代表企业形象，如果是有良好口碑的名人，肯定会给企业形象加分，有利于企业的发展。

2. 加强互动交流，因势利导

互动交流是网络营销的本质，粉丝不仅是信息的接收者，也是信息的生产和传播者，还有可能是产品或者服务的目标消费者。因此加强粉丝与名人的平等互动交流，对于提高名人知名度和企业人气都是有帮助的。企业要大力推动名人与粉丝之间的互动，努力满足粉丝交流和分享的意愿，充分调动受众对企业的关注和参与热情，从而增加企业的潜在消费者。

企业邀请名人来为产品做推广时，需要名人对产品或服务有相当了解，名人要肩负起应尽的责任，认真对待粉丝提出的问题，选择适当时机与粉丝进行互动，而且要有周期性，以体现对受众的重视，这样才能够牢牢抓住粉丝。

在与粉丝交流互动的过程中，要采取因势利导的策略，可以借助当前社会热点，推出与名人相关的话题，这样能够更有效地发挥名人效应，有可能获得超常的营销效果。

3. 借助“名人效应”，搭便车

名人效应对于创客企业产品和形象的推广有着强力催化的作用，因此对创客企业而言，借助名人的名气是不容忽略的资源，名人效应如果运用得当，能快速转化成销售力，促进消费者购买企业产品。对于创客企业来说，这是把品牌营销转化成终端营销的一种最快捷的方式。

7.7 信任背书：产品背后的情感力量

信任营销是建立在相互信任的基础上，企业为目标客户指定营销组合时，充分考虑了目标客户现实和潜在的需求，并在充分信任客户的忠诚的基础上，为客户创造更加宽松的消费环境的一种营销策略。这种营销方式以消费者对企业和产品的充分信任为基础，因此更为牢固。

日常生活中，信任是一切合作的基础，社交网络也是如此。任何企业要想长久发展，都必须与消费者建立一种持续、友好的信任关系。创客企业要重视这种产品背后的情感力量，因为消费者对企业的信任是建立持久关系的基础。

2014 年 10 月底，张向东在微博上宣布离开久邦数码，加盟 700Bike，开始做自己真正喜欢的事。700Bike 的定位是基于互联网技术、以改变城市生活品质为使命的“移动”公司，他们在创造新一代的自行车。

2015 年 6 月 1 日，张向东在微博宣布，700Bike 开启整车盲订的线上活动。

活动的内容：在不公布价格、具体样式、正式发布时间的情况下，用户以 7 元的价格，获得购买权 +70 元购车优惠券 + 定制版《短暂飞行》。另外还有一种 200 元档位可供选择，用户可以获得整车

的优先购买权 +500 元代金券 + 定制版《短暂飞行》。活动时间是6月1日至6月30日。

张向东的盲订微博，仅仅十几个小时后，转发量就突破了1万。700Bike 的宣传片，通过著名的微信公众账号“一条”传播出去，阅读量迅速超过10万。700Bike 在非常短的时间内，就收到了大量的盲订货款。

自行车行业的经销方式一直比较传统，主要还是渠道代理制。700Bike 的火爆，也是源于其突破了这种传统，以一种全新的方式进入市场。而其成功的主要原因是源于“信任”关系。

张向东跟许多互联网大佬熟识或有交情，而且不少人都知道他是个出名的骑行爱好者，对自行车非常了解，有自己的品位和判断，可以算得上是“专业”人士。这两点相加意味着，他要造车，至少有一批具有影响力的人物相信，他能够造出一辆好的自行车，而且愿意为他背书并传播。用户对于张向东的信任，也是在这个基础上建立起来的，无论是信任张向东，还是信任他身后的大佬们。

这次活动的策划可以算是一种粉丝营销，但又比粉丝营销更为强大，它是在卖一个完全不确定的东西。这种营销方式能够受到粉丝的追捧，原因主要有以下几种：

（1）自行车行业过于传统，一直不能满足骑行爱好者的个性需求，700Bike 击中了目标消费者的痛点。

（2）粉丝对张向东和张向东身后那些大佬们的信任。

（3）7元的价格着实低廉，但这个低门槛的设计却充满着神秘性和未知性，尝试一下也不会有什么大的损失。

（4）7元获得一个购买权，有饥饿营销的元素。

（5）6月1日这个时间点很讨巧，现在成年人也爱过儿童节。

张向东借助个人影响力和盲订事件营销，使700Bike以四两拔千斤之势抢得头彩，虽然成败还将取决于最终面市的产品，但至少700Bike这次盲订活动本身是成功的。

社交网络媒体，包括微博、微信、QQ空间等，实际做的就是将人与人之间的信任，以及发生在每次对话、交流当中的信任汇聚到一起。创客企业可以通过使用或者运营这些网络工具来进行信任营销。创客企业要实现成功的信任营销可以从以下几方面入手：

（1）对消费者进行准确定位，选择有价值的消费者作为信任营销的对象。

（2）从自身出发，明确价值驱动，告诉消费者为什么相信自己。

（3）打造实施策略，建立双赢的协作关系，维护消费者利益。

（4）通过信任营销的传播路径，把“信任”呈现给消费者。

（5）借助口碑传播的力量，将品牌传播出去。

（6）要维护与消费者的关系，取得其信任，以确保信任营销的成功。

在社交网络平台，信任总是先产生在亲朋好友、同学同事之间，然后是同行或朋友的朋友，最后才是完全不认识的陌生人。熟人之间的信任营销比较容易达成，而与陌生人之间建立信任的过程就会比较漫长，但是企业总要进入更多的人群中去拓展市场，所以就需要创客企业通过专业、细致的讲解，以及积极、有效的互动，与陌生人群逐渐累积信任，以此来增加为企业背书的可能性。

社交网络的信任建立包括专业的内容、朋友之间的介绍，认真地转发、评论以及服务提供，这些都可以帮助企业快速达成自己预期的效果，同时能够吸引更多潜在的目标用户。发布信息者的个人特质会依附在这些信息上传递出去，被用户不断分享、转发，当这些信任被汇聚在一起时，便会出现庞大的社交红利。

信任背书正在通过更多的方式，改变着企业与用户之间的关系。在网上，人们的沟通是逐渐建立信任的过程，普通用户在社交网络中会备注签名，公开真实身份，方便他人了解自己；在公共社交媒体平台上，对名人、专家采取实名认证，这些做法都是为赢得陌生人的信任奠定基础。所有这些都为创客企业提供了有利的网络环境，方便企业进行信任营销。

7.8 聚拢“铁粉”：参与化、情感化、圈子化

随着各种社交软件的流行，企业圈子和名人圈子越发充满了娱乐气氛，企业策划的活动或者名人分享的话题，都会有众多网友积极响应和参与。现在不仅偶像们拥有“粉丝”，品牌和产品也开始拥有“粉丝团”。

创客企业如果能够意识到互联网力量的巨大，粉丝潜能之无限，就应该培养一批对企业品牌有忠诚“信仰”的粉丝，让他们积极地参与到企业的产品研发、用户体验、市场营销、售后服务等各个经营环节中来，那么他们所形成的影响力将会发挥巨大能量。

重庆北部新区的一栋写字楼里，都市白领燕子指着新浪微博页面对身边的同事说：“米 Boss 又回复我了！”这个米 Boss 指的是互联网蛋糕品牌 Kissmilan 的创始人张琨维。

Kissmilan 蛋糕是 2013 年成立的一家位于重庆的高端意式蛋糕品牌，产品采取网络订购、中央工厂加工、专业物流免费配送的经营模式，在重庆本地非常受消费者欢迎。

张琨维在创业初期一次性投入 400 万元，建立了厂房，招聘了管理人员，成立了配送团队。Kissmilan 很快便开始在线上运营。但上线不久，他就发现，“每天订单量只有 10 来个，产能大量闲置”。

张琨维的团队第一次产生了争论，最大的争论点便是营销模式。

但考虑到成本和人员等各方面因素，最终讨论决定仍然坚持只做线上蛋糕。但是在原本的模式上进行了创新——加入新媒体营销，增强粉丝的黏附性。

于是 Kissmilan 开始打造粉丝圈层，到 2015 年年初，仅微信粉丝数已超过 4 万。张琨维介绍："我们粉丝圈是基于此前模式上的创新。除了开展分享会获得粉丝外，我们还有各种线下活动，如圣诞 Party、粉丝网球赛等。同时还借助线上社会化媒体以及微博、微信，与消费者互动。"

"粉丝就是生命力，给 Kissmilan 留言的消费者，几乎每一条都会收到回复。"张琨维说，"偶尔还会开通米 Boss 专线，消费者可通过我本人的微博微信，订蛋糕和反映问题。"燕子正是通过米 Boss 专线与张琨维互动的。

一年多的时间，Kissmilan 仅用"粉丝营销"一招就迅速崛起，会员超过万人。不少消费者都自称忠实米粉，除了对蛋糕口味津津乐道外，还对其服务赞不绝口。

Kissmilan 迅速获得重庆市场认可，如今他们无须担心接不到订单，而是开始担心中央工厂的产能跟不上顾客需要，2014 年圣诞节当天，限定 2000 单预定量，还是在全员加班的情况下才完成了订单。

Kissmilan 的利润已能能够支持其下一轮扩张，2014 年 11 月，Kissmilan 模式已登陆成都，之后还会复制到西安、北京。

"Kissmilan 使用的线上模式，可以复制到任何线上互联网消费相关的企业。"张琨维在讲解其商业模式时，始终一副"欢迎来复制"的架势。他表示，确实希望有大量跟风者来和他抢市场，一方面是因为 Kissmilan 在重庆日均销量在 500 单左右，线上市场远未饱和，他希望能与更多的企业一起把这个市场做大，改变消费观念，培养用户习惯。另一方面，张琨维认为 Kissmilan 的竞争壁垒是先发优势。比如，模式虽然可以复制，但粉丝不能复制。“Kissmilan 已占据一部分重庆市场份额，并在技术、模式、产品上不断创新，不断研发升级。有新的模仿者，对于我们而言，有百利而无一害。”

如果说“粉丝”是生产力，“铁粉”就是绝对生产力。创客企业如果希望自己的产品拥有广大的粉丝市场，就必须理解和面对产品的消费群体，并且建立和维护与他们之间的长久关系。

对于企业来说，粉丝是那些认同产品、认同企业及品牌，并乐于向他人传播品牌正面信息的人群。因此，培养粉丝首先要有好的产品，即质量好、性价比高的产品，与其他品牌形成差异化优势，这些才是企业的核心竞争力。

创客的产品，从“开源与分享”的理念出发，就是要让用户成为设计师，将产品研发、测试、体验等各环节都开放给粉丝并让其参与进来，这种方式对企业和用户双方都是有益的，一方面企业可以根据粉丝的意见不断改进和完善产品；另一方面用户也可以得到自己想要的功能和产品。

粉丝的培养，除了提供良好的产品以外，还要注重情感的维系。创客企业可以采取各种适当的方式向自己的忠实用户表达谢意，比如通过传递品牌“信仰”，让粉丝成为品牌的信徒，从而获得粉丝对品牌的高度忠诚，或者通过举办活动、发放奖品、制造惊喜来吸引粉丝等。

网络社会是个大圈子，众多的意见领袖、行业专家、名人明星活跃在社交媒体上，他们无疑是非常不错的粉丝制造者，他们的推荐会为创客企业迅速收获数量众多的忠实粉丝。当然，普通消费者对身边人的影响力也是不容忽视的，他们的家人、朋友也会因为小圈子里的口口相传而成为品牌的铁粉。

“粉丝”的积累是一个较为漫长的过程，创客企业需要积极、深入地与粉丝互动交流，在了解用户需求的同时，与他们保持密切的关系。当粉丝积累到一定规模时，就不再是简单的 1+1=2，而是会产生滚雪球般的连锁效应。

7.9 大数据营销：全网络时代下的精准营销

随着大数据时代的来临，企业依托多平台的大数据采集，以及大数据技术的分析与预测能力，可以实现对用户属性和用户行为进行精确判断与定位，从而建立起个性化的服务体系，达到企业对目标消费者进行精准营销的目的。

创客企业也可以通过采集用户的行为数据，了解和预测消费者的偏好，让营销推广更加精准，从而建立起以消费者为核心的精准营销体系，为消费者提供最能满足他们需求的产品、信息和服务。

2015 年 7 月，海南大学四个来自不同专业、不同年级的大学生，出于共同的兴趣爱好，共同开发了一个叫作 Douquanr data 的项目。这个项目主要是通过组建一个大数据平台，为海南的服务业商家以及相关管理部门提供营销、舆情监控等服务。这个大数据平台几乎涵盖了吃、住、行、游、购、娱等旅游中的方方面面。

围绕这个大数据平台，Douquanr data 项目将为商家和管理部门提供二次口碑服务、大数据分析服务以及舆情监控等。

Douquanr data 项目的主要功能有以下几个:

1. 利用消费者的“微人脉”，对商家进行宣传，产生很好的营销效果

消费者通过扫描商家的二维码来关注其微信，把自己拍的照片

和评价发送给商家。然后，很快便能收到商家编辑好的一条回复微信。消费者将这条微信转发到朋友圈，便能收到商家发出的微信红包或者小礼品。而商家可以通过这样的服务，利用顾客的朋友圈获得有效的二次口碑的推广。通过这样的方式，消费者可以得到实惠，商家也能够达到宣传的效果。

在为商家进行二次口碑营销的同时，Douquanr data 项目还能够通过分析后台的大量用户数据，帮助商家统计用户数量和用户的喜好等情况，以便商家调整自身的经营策略。

2. 通过抓取并对网上数据进行分析，进行舆情监督

依据大数据模式，Douquanr data 项目还可以抓取网上数据，并通过对数据的分析，进行舆情监督。“比如万一有游客在网上发布了对海南旅游的投诉，我们会马上反馈给有关管理部门进行处理，争取做到投诉不离岛。”Douquanr data 项目的开发者之一王艺晗这样说。

3. 通过抓取并对网上数据进行分析，帮助商家调整经营战略

Douquanr data 项目还能够通过服务器抓取诸如赶集网、携程、淘宝旅游等网站的用户数据，对消费者的评价进行分析、整理。让这些平台上的商家知道他们在这些网站的口碑如何，分析他们的问题所在，为他们进行战略上的调整提供一些帮助。

4. 利用客户流进行大数据营销

随着后台粉丝数量的增多，Douquanr data 项目的大数据平台上，可以拥有一个数量庞大的客户流。在这些客户流的基础上，Douquanr data 可以进行有效的数据营销。比如，有客户发布了对自己刚看完的电影的评价，就可以给他们推送一些看完电影后可以进行的活动的优惠信息，如餐厅的推介、KTV 的优惠活动等。

综合 Douquanr data 项目的这几大功能，一个总体的思路就是利用大数据提供的消费者的综合信息，帮助商家实现精确营销，通过精

确营销，商家在实现盈利的同时，反过来服务于消费者。

在这样的平台上，商家和消费者是双赢的。商家不需要投入太多成本，就可以得到消费者方方面面的信息反馈，商家可以根据消费者的反馈调整自己的运营方向，满足消费者的需求，为自己找到更大的市场。而在消费者方面，自己的消费体验和需求能够在短时间内被商家获取并得到改进和解决，自己还能得到一些优惠信息，何乐而不为呢？

当前，大数据营销还不是很普及，但是随着互联网以及社交媒体的发展，大数据时代下的精准营销，势必成为创客企业实现与客户双赢的营销模式。精准营销是渠道最短的一种营销方式，除了能够节约企业的营销成本，同时降低了客户的满足成本。

那么，创客企业如何依托大数据实现精准营销呢？

1. 对大数据进行整理和分析

企业的大数据来自多个渠道和平台，这些数据不仅可以回答“为什么会发生这种事”，而且通过关联数据还可以预言“将要发生什么事”。这对企业的经营有着非常重要的意义，所以企业首先要对这些数据进行很专业的整理和分析。一个优秀的大数据系统能够影响企业的营销决策，帮助企业建立完善的营销战略。

2. 对目标客户进行深度分析

企业通过大数据技术，能够对客户各方面的信息进行充分、有效的管理及深度挖掘。这些源自成千上万消费者的个体信息经过归纳与整合，从中可以得出某个群体的消费需求、消费习惯及特征等综合信息数据，据此企业可以为特定客户群体提供更有针对性的个性化服务。

3. 实现点对点广告推送

企业进行广告投放的核心问题在于：怎样从海量数据中寻找目标受众，

以投放相应的广告信息。大数据能通过互联网点击流，跟踪个体用户的行为，了解其偏好，并预测其可能的行为，这让点对点的精准广告投放成为可能。

4. 实现精准化营销

企业依靠大数据的支持，可以制定精确的营销策略，从而让有限的成本获取最大的营销效果。此外，企业某些不恰当的营销策略还可以通过大数据来进行修正，从而优化营销的执行力，这也是利用大数据实现精准营销的体现。

对于企业来说，精准营销体现了大数据强大的商业价值。另外，如果没有大数据的支撑，精准营销都是碎片化的，也显现不出“精准”的概念，毕竟精准营销的几个显著特点——可量化、可控制、高回报都是与大数据的特点相辅相成的。因此，运用大数据进行精准营销是创客企业发展的大势所趋。

<<< 第八章

创业维艰：如何完成比难更难的事

做创客很难，但是做一个创业的创客，可以说比难更难。

从创业的第一天起，你面对的不是成功的荣耀，而是数不清的困难与扑面而来的挫折。你会发现，现实并没有按照你的计划进行，你愤怒、痛苦、沮丧，甚至绝望。

如果绝望怎么办？松下幸之助当年的回答是："那就抱着绝望的心情去打拼！"

8.1 有目标，沉住气，悄悄干

在《中外管理》杂志上，曾发表过鲁冠球一篇题为“有目标，沉住气，悄悄干”的小文章。

作为以汽车万向节起家的老创客，鲁冠球在文章中一再强调做事要在“审视自己的能力”的前提下定下目标，再埋头苦干、精益求精。他在文章中这样说：“天上不会掉馅饼，只有靠自己实干，逐步积累发展。所以，做任何事一定要沉得住气，一定要有理想目标，然后看什么目标，看有没有能力。只有时势造英雄，没有英雄造时势。”

新东方的创始人俞敏洪在看了鲁冠球的这篇文章后，认为鲁冠球用“九个字”道尽了一个人做事和做人成功的所有秘诀。俞敏洪为此也专门写了一篇题目相同的文章，来解读鲁冠球的“九字真经”。

第一点是定目标。人生天大地大，你得先确定自己要去哪里。否则，任何风对你来说都不是顺风。俞敏洪认为：“目的地的远近决定了所需要做的准备的不同：如果你从北大去清华，只需要骑自行车；如果你从北京去天津，可能需要开汽车；而如果你从中国去美国，那就需要坐飞机了。目的地的环境也决定了你所需要具备的能力和装备：如果你在城市行走，也许只要有钱就能解决很多问题；如果你去国外行走，就需要对当地的语言和习俗有所了解；如果你想登上喜马拉雅山，那就需要有强健的体魄、足够的训练和必要的登山设备。因此定目标不仅仅是简单地设定一个目标就够了，还要看所定的目标是否切合实际和符合自己的能力。”

第二点是沉住气。鲁冠球说：“天上不会掉馅饼，只有靠自己实干，逐步积累发展。所以，做任何事一定要沉得住气。”创业切忌浮躁，俞敏洪认为：“一个浮躁和急于求成的人往往缺乏周密的思考，言辞情感也容易露于表面，这样很容易把事情做得浅薄，也很容易被别人看破真相。沉住气首先指的是对自己和自己所做的事情有信心，一个对自己所做的事情没有信心的人是沉不住气的。只有坚定不移地相信自己能够成功的人，才会有足够的耐心沉住气埋头苦干。沉住气也指一旦确定目标便不会轻易改变。很多人随着社会环境和形势的改变，不断改变自己的人生目标或做事目标，结果把时间都花在了目标的选择上；很多人都以为自己在做事业，实际上是随波逐流，今天别人做网络跟着做网络，明天别人开连锁店跟着开连锁店，结果到最后一事无成。沉住气更重要的是指一个人遇到困难和挫折时能够不屈不挠，沉着应对，即使千夫所指也相信终有一天能够挺立在天地之间。”

沉住气还表现在面对各种挑战和挫折时能够坦然处之，放眼未来。“人在失意之时，要像瘦鹅一样能忍饥耐饿，锻炼自己的忍耐力，等待机会到来。”这就是有过一段养鹅的经历给“台塑”董事长王永庆带来的重要启示。在抗战时期，由于粮食不足，鹅饲料极为缺乏，因此，只得让它们在野外吃野草。一般说来，鹅养了4个月后，就有五六斤重了，可是，当时养的鹅由于只吃野草，4个月下来仍只有2斤重。王永庆买下了许多瘦鹅，然后用卷心菜的粗叶子喂它们（这是当时一般人没有想到的）。2斤重的瘦鹅，经过他两个月的用心饲养，居然重达七八斤，而且非常肥。究其原因，是因为瘦鹅具有顽强的生命力，不但胃口奇佳，而且消化力极强，所以只要有东西吃，它们立刻就能肥起来。王永庆通过养瘦鹅，悟出了经营人生的哲学，与鲁冠球的“沉住气”有相通之处。

第三点是悄悄干。这有点像贾平凹的人生信条“心系一处、守口如瓶”中的“守口如瓶”，而“心系一处”则和“有目标”类似。为什么要沉住气、守口如瓶呢？其中应该包含两层意思：第一层是保守自己的秘密；第二层是保持自己的谦逊。你的下一步要做什么，不能轻易张扬，对于生意场上的人来说，这或许是商业机密。对于常人来说，即使不是什么秘密，人们也只喜欢那些悄悄干出大事业的人，而厌恶那些事前唱高调的人。

做什么都喜欢大肆声张，经常会把自己逼到绝路。话放出去了，但后来情况发生了变化，原先预计的成绩、业绩做不到了。就像一位“90后”创业者，在2014年声称“明年拿出1亿分给员工”，结果在2015年没能实现，引起业界一片炮轰，最后不得不发表“认怂道歉”书，导致其信誉受到极大的损伤。

还是俞敏洪总结得好：“让我们定目标以明志向，沉住气以踏征程，悄悄干以成大业。让我们大家共同努力，真正做一点有意义的事情，来证明我们存在的价值。”

作为互联网时代的新创业者，老前辈的教诲可谓弥足珍贵。

8.2 睡得地板，当得老板

当一个又一个新兴的企业如太阳般冉冉升起，创业成了所有不甘寂寞者的图腾。创业家们在公众面前永远是那么的光鲜亮丽，却鲜有人知道他们一路的艰辛与苦痛。

在俞敏洪登上富豪榜后，他的合伙人徐小平曾说过一句这样的话："俞敏洪左右开弓的糨糊刷，在中国留学生运动史上，刷下最激动人心的一页华章。"左右开弓，开启华章——何等潇洒大气！

然而真实的场景是：俞敏洪曾借着夜色，躲开城管与保安，骑个破单车，挂个糨糊桶，在腊月的北京满街贴招生广告。寒风如刀，前路渺渺……俞敏洪在创业面临巨大压力时，会一个人喝闷酒，醉过去了会大哭、会流泪、会大喊。等酒醒了，又像往常一样，拎着糨糊桶出发，或者是夹着皮包给学生上课。眼角的泪痕可以不干，该干的事不能不干。

苦难是通往成功的必经之路。商场中流行一句话值得大家深思："睡得地板，当得老板。"一旦投身创业，你将面临以下考验：

1. 睡眠时间要比别人少很多

对于很多创业者来说，尤其是创业之初，是根本没有休息时间的，除了工作、工作还是工作，没有休息日、没有节假日是非常正常的。小米团队每天工作到凌晨是一种常态，以至于小米团队的一个经理有一次白天回家去取落到家里的手机时，竟然一下子找不到回家的路了，因为他已经习惯了晚上走这条路。

对于创业的创客来说，如果想要你的企业成功，想要你的事业走在别人的前面，那你就要做到：别人工作的时候你在工作，别人休息的时候你也在工作。有调查发现，那些拥有千万以上资产的富豪，他们的平均睡眠时间是6.6小时，那些拥有亿万资产以上的富豪们，他们每天的睡眠时间则少于6个小时。

2. 精神状态要时刻处于亢奋状态

无论你的身体状况、心理状况怎样，一旦有事情需要处理的时候，创业者都能拿出饱满的精神状态来应对，同时能够控制随时到来的情绪波动。毕竟企业发展过程中的每一点变化，都会给创业者带来情绪的波动。

2014年5月8日，58同城在上海成功举办了2014年的战略发布会，发布会结束，创始人姚劲波只是和他的一群高管同事们围着桌子随便吃了一顿盒饭，然后就让高官们各忙各的去了。而姚劲波本人，则要在晚上12点赶回北京，因为第二天还有事情需要他本人处理。

3. 办公条件较差

受制于资金，创客创业之初，有的在车库，有的在家里或咖啡馆、民宅……对于那些本身就是大公司技术骨干的创客来说，办公条件上有天壤之别。

2013年10月18日，“多备份”对外发布了服务。创始人陈元强与3个小伙伴挤在10平方米的房间相依为命。理想很丰满，现实很残酷！

4. 没有陪伴家人的时间

创业者在创业之初，几乎是没有休息时间的，“多备份”创始人陈元强曾经连续半年每周工作超过100小时。

作为创业者的家人，不仅不能得到相应的关心和陪伴，在经济和心理上也要承受比其他家庭更大的压力。如果说创业是一个“受虐”的过程的话，那么跟创业者一起“受虐”的，可能还包括创业者的家人。

晨兴资本合伙人、著名投资人刘芹说过：“创业是多数人故意不选择，而留给少数人的机会。”为什么多数人不选择，因为创业太苦。

曾经遇到过一位创业半年的“90后”，他诉说自己创业后时间不属于自己了，牺牲了好多个人爱好，经常半夜三四点就醒来睡不着，创业真的很苦。有人问他如果再选择一次还会创业吗？“会，那是一种让自己觉得人生没有白过的经历。”从他长期熬夜的黑眼圈里，能看到为梦想而努力的坚毅。

作为“80后”创业者的代表，康盛总裁戴志康这样形容他的创业经历：“创业本身就是一场受虐，只有你在被虐了之后还感觉很有快感，才能真正成为一个创业者。”

8.3 怀最好期望，做最坏打算

王兴是国内知名的“连环创业客”， 1997 年被保送到清华大学电子工程系无线电专业，2001 年拿到全额奖学金到美国特拉华大学留学。后来，王兴回国创办了校内网、饭否网等知名网站。这些项目有过辉煌，但最终都没有成活。

2003 年，王兴中断美国特拉华大学的学业，拉着大学寝室上下铺的兄弟王慧文开始创业，不会编程就现学。

在 2005 年年底创办校内网之前，王兴折腾过“多多友”等好几个创业项目，但都惨遭失败。2005 年创办的校内网眼看就要成功了，却因为融不到资，在次年被迫以 200 万美元的价格卖给陈一舟。别以为王兴赚了，两年之后，陈一舟凭借校内网从软银拿到了 3.4 亿美元的融资。

2009 年 7 月 8 日，王兴创办的饭否网已经拥有百万用户，但被突然关闭。起初，王兴以为过两天就好，多次辗转打听发现事情并不如他想象的那么简单。这一年年底，在饭否网的一次会议上，王兴哭了。

饭否网被关闭的挫折让王兴痛定思痛——在那之前的王兴是一个创客、一个连续创业者、一个认为“创客天生改变世界”的理想主义者，到了美团时期的王兴则开始努力学习传统商业的管理规则用数据驱动的高运营效率降低未知感，将创客理想与商业融合并互相激荡。

直到创办美团网，王兴才品尝到了成功的硕果。截至2015年8月，美团网的估值已经超过百亿美元。王兴的创业之旅可谓“九死一生”，在回首往事时，他曾感慨道：“西方有句谚语： hope for the best and prepare for the worst，要有最好的期望但也要做好最坏的打算。”

一个不得不正视的现实是创业成功是一个小概率事件。资料显示，在美国，40%的新创企业走不完一年，80%的企业会在5年内破产。而在接下来的第二个5年中，存活下来的20%中又会有80%破产。在中国也有类似的数据，应为统计口径的不同，数据有一些差异，但总体来说并不比美国的创业成活率高。这么说并非想打击大家创业的积极性，而是为了能让大家更客观地认识创业这件事。我们经常说的一句话叫“做最坏的打算，尽最大的努力”。创业尤其需要如此。只有这样，才能未雨绸缪，做好最充分的准备，最大程度地减少意外情况发生造成的损失。

8.4 通过自省保持头脑清醒

创业是一个不断摸索前行的过程，创业者在此过程中难免走错路、做错事，而反省正是认识错误、改正错误的前提。对于创业者来说，反省的过程就是提升自己的过程。有没有自我反省的能力，具不具备自我反省的精神，决定了创业者能不能认识到自己所犯的错误，能不能改正所犯的错误，是否能够不断提升自己。

李嘉诚先生在谈到自己的成功秘诀时，不止一次地强调“反思”的重要性。他说：“人生不同的阶段中，要经常反思自问，我有什么心愿？我有宏伟的梦想，但我懂不懂什么是有节制的热情？我有与命运拼搏的决心，但我有没有面对恐惧的勇敢？我有信心、有机会，但有没有智慧？我自信能力过人，但有没有面对顺境、逆境都可以恰如其分行事的心力？”

每个人，不管是天赋异禀还是资质平平，不管是出身高贵还是出身贫贱，都应该学会自我反思、反省。“大多数人想改造这个世界，却极少有人想改造自己。”伟大睿智的列夫·托尔斯泰如是说。

史玉柱经历巨人大厦风波之后，经过沉痛反省，立下规矩不再做自己看不懂的东西。在万通，冯仑将公司成立纪念日定为“反省日”，每年一到公司纪念日，大家都要检讨自己。纵观马云的创业之路，也是一路跌撞一路反省，从 1992 年开始屡败屡战，但每一次失败都有收获。

马云的第一次创业是在1992年，在杭州某学院当英语老师的他和同事筹集了3000元钱，开办了海博翻译社。当时马云的英语在杭州翻译界颇有名气，因此很多人慕名请马云做翻译，马云做不过来，就同一个同事成立了海博翻译社，请退休老师做翻译。海博一个月的房租是2400元，但开业的第一个月总收入才700元。1993年收支持平，1994年业务不错，开始赚钱，但效益并不理想。累得要死却不怎么赚钱，马云就将公司关闭了。后来查账，他才发现出纳每天从公司收入里至少私自拿走一二百块钱，多的时候居然达一天700多元——有一天他们的实际收入是1100多元，出纳居然只报400元。在这次创业失败中，马云得到一个深刻的教训：没有好的制度是公司的灾难，小公司也需要制度和体系。

1995年年初，马云辞了公职，旋即创建了包括自己和夫人在内才3个员工的“中国黄页”，注册资金为5万元。在经营中，马云遇上了一个重量级对手——注册资本是2.4亿元人民币的中国电信浙江杭州分公司。在完全不对等实力的较量中，大象一时踩不死蚂蚁，蚂蚁也一时奈何不了大象。你来我往地过招后，双方终于坐下来谈合作。谈判很顺利，1996年3月，中国黄页将资产折合成60万元人民币，占30%的股份；杭州电信投入资金140万元人民币，占70%的股份。马云一想有了140万元人民币注入就可以大干一场，高兴地答应了。但后来才发现灾难来了，原来对方出140万元只是想把他这个竞争对手控制住。在董事会里面，对方是5票，马云这方只有2票，每次开董事会，马云总是面临2比5的制约，开很多次也通不过决议。马云这时才醒悟自己拿到了钱却丢掉了最宝贵的自主权。处于尴尬中的马云，与杭州分公司的“婚姻”仅仅维持了一年，就主动放弃了公司。马云的第二次创业没有成功，但他从这次经历中总结出一点教训：企业家不能被资本所控制。后来，当他有了雄厚的资本后，也推己及人地不用资本去控制创业者。

在经历两次创业挫折后，马云很快又全身心地投入了第三次创业。1997 年年底，他受国家外经贸部的邀请，北上给外经贸部做网站，让外经贸部成为中国第一个上网的部级单位。马云在北京租了一个不到 20 平方米的小房间，没日没夜地干活。“中国第一个网站交易市场是我们做的，第一个进出口交易所是我们做的。政府和我们这些人合作得很愉快。”马云曾经这么说。但是后来，由于在业务的方向是帮助中小企业还是大企业上出现分歧，使马云无比苦恼，这次合作最终也以失败告终。尽管公司赚了数百万元的利润，但是马云除了工资之外没有拿到任何红利。关于这场风波的内幕，有各种版本，但根据马云自己的说法，是因为他没有分清朋友和上下级的关系。他反省了这场失败，认为在今后的创业中，应该清楚地区分好朋友与上下级关系。

真正成功的人，并不是因为他们天生运气好，没有惨遭失败的经历，恰恰相反，许多成功者正是在逆境中磨炼成长起来的。在经历过无数失败之后，他们最终找到了真正属于自己的创业之路。

陆其文是杭州尚美科技发展有限公司的创始人兼董事长，一个老牌“创客”，被称为“创客”界内最顽强的“小强”。

陆其文是一个“不安分的人”，在工作了七八年事业发展小有所成的时候，开始了自己的创业生涯。其后，他经历了数次创业，经历了若干个行业：开过培训学校，也开过高档会所，他还投资创办农庄，接着又加盟科技公司开卖娃娃鱼……事业起起伏伏，他是屡战屡败又屡败屡战。用他自己的话说：“对每个来临的机会，都会毫不犹豫地迎上去，尝试一下。”

在屡战屡败之后，陆其文开始反思自己的创业之路，并最终总结出了自己在创业路上存在的问题："创业，特别像我这种白手起家的，做事需要有魄力，但也要谨慎，投资做一个行业的时候，一定要看清楚这个行业是否符合国家政策发展方向；同时，要选好合作伙伴，品德最重要；还有公司CEO的选择，一定要有远见和拼搏的精神。如果自己有这个能力，那就自己来做CEO；如果没有，请记住，一定得让贤……"

陆其文总结出来的最重要的教训是：自己之前的每次创业，都没有投入百分之百的努力。要想创业成功，就要全力以赴。

全力以赴后的陆其文是什么样子的呢?

2012年，陆其文和几个伙伴组建了杭州上佰电子商务有限公司，闯进了网络市场，销售家电产品。2014年，他们的天猫店销售额突破5.5亿元。陆其文预测，2015年他们的销售额会冲击20亿元。

2014年，轻松筹集到天使投资人500万元资金的陆其文，创办了杭州尚美科技发展有限公司，并自任董事长，进军互联网移动端的农产品销售领域。2015年年初，随着移动互联网时代的到来，陆其文也把自己的主战场转移到了移动互联网上。杭州市消费者权益保护委员会授予美尚平台"杭州市特色农产品网络消费教育基地"荣誉称号。

陆其文在把农副产品转移到移动互联网上的同时，还开办了相配套的线下实体店。让中老年消费者打消了"不了解互联网"的疑虑，同时能让消费者对产品有一个更直观的感受。

在陆其文看来，在这个全新的移动互联网时代，电商企业不光要把"浮在云端"的平台建设好，更要打破"最后一公里"的难题。

打破"最后一公里"，让陆其文的美尚生活站在了同行的前面，显示了他强大的竞争优势。

古之先贤孟子早就指出："故天将降大任于斯人也，必先苦其心志，劳其筋骨，饿其体肤，空乏其身，行拂乱其所为，所以动心忍性，曾（增）益其所不能。"草根创业，是老天赋予创业者的大任，做这件事，必先让创业者伤透脑筋，还要付诸行动，使他们累得要死，甚至不给他们钱，以至于他们连饭都吃不上，不让他们一帆风顺，以这样的方法来锤炼他们的想法，坚定他们的性格，才能增加他们创业成功的可能。

孟子在说了上面的话后，紧接着补充了一句"人恒过，然后能改"。意思是人经常犯错，犯了过错，肯反省，检讨自己，然后才能改正。改过来了，才会"困于心，衡于虑，而后作"。心里头受到痛苦的压迫，开始学会冷静地思考与衡量，再起来的话就能够做一番大事。

8.5 成功是熬出来的

很多人觉得创业前期是最苦的，要找人、要找钱、要找资源、要理顺各种关系等等。等创业者真正踏上创业之路时，才会发现，创业前期的工作，只是万里长征的第一步，更难的事情还在后面。其实，对于创业者来说，最难过的不是创业的成功与否，而是创业过程中长时间的苦苦挣扎和煎熬。

姚劲波在创办58同城时，一度陷入资金困境，账上“一分钱都没有了”。姚劲波卖了个域名，换了几十万元出来给大家发工资。他和汉能资本的李华兵在咖啡厅见面，但李华兵尽力了也没能帮上他。58同城的几个骨干都要走，姚劲波居然当场大哭起来，说你们走了，我怎么办。

58同城当时有多艰难？一张桌子三个人坐，而且每个人面前都没有电脑，只有一部电话，疯狂打电话。后来，DCM投了58。过了那一关之后，再拿钱相对比较容易了。大家看到的都是58辉煌的一面，艰难的时候没人看得到。

刘强东现在身价五六百亿，当年困顿时也找过汉能资本的李华兵，说能不能融100万元人民币，把哥几个工资给发了。过了三个月，又来了，说能不能再融800万元人民币。汉能投资的人很忙，没有搭理他。

京东的B轮特别艰难，融了2100万美元，投前估值6500万美元。雄牛资本领投1200万美元，今日资本投了800万美元，梁伯韬个人投了100万美元。刘强东特别高兴，因为投前估值从3500万美元爬到了6500万美元。

现在京东市值突破500亿美元，回过头看那时候完全是白菜价，可白菜价都没人敢投。也有些人曾想投，但犹豫迟疑后最终放弃。李华兵曾去参加一个VC的酒会，恰好听到一个投资机构的人说最近刚刚close掉一个案子，就是京东。6个月之后，老虎基金以3亿美元估值投了6000万美元给京东。那时候，李华兵建议汉能老板也投200万美元赌一把，但老板一看沈南鹏等其他大咖都不敢投，也就没投。

直到京东以10亿美元的估值拿到了1.5亿美元投资，从此再也没有人能挡住刘强东的步伐。

再回过头来说见证姚劲波和刘强东苦苦打拼的李华兵，他在2011年辞去了汉能资本副总裁的职务，做了车品汇，方向是汽车后市场。雷军是天使投资人，投了200万元。

2011年底，车品汇的账上也没有钱了。李华兵找了一个投资圈里的好友，在饭店聊到11点半，但没有成功融到资。天上下着鹅毛大雪，李华兵独自开车在深夜缓行，心情寥寂苦闷到了极点。

当夜无眠，第二天早上就找来几个骨干开会：没有钱了怎么办？有人就撤了，有人愿意留下挺一挺。李华兵觉得没法挺，只能自己一个人撑，以最低的成本维持公司运作。2012年春节一过，他就把SOHO现代城的办公室退掉，搬到了东南五环汽配城里面。人员大刀阔斧裁掉，月薪5000元以上的人全部裁掉，都拿两三千。没有钱维持，他自己拿了100万元出来。

一直到2013年年底，李华兵在汽配城整整窝了两年。他以前是做投资的，经常出入五星级大酒店，现在却待在汽配城和维修工一起吃饭。给曾经的熟人打电话，要他们过来看看，帮忙出出主意，可人家都说忙。因为事业不顺，李华兵连续两个春节都没有回老家。

2013年下半年，李华兵决定换方向去做拼车，从李开复那里融到了一笔钱。2014年1月，"哈哈拼车"上线，10月又推出"51用车"。尽管在2015年4月，51用车已经完成C轮上千万美元的融资，但是在"滴滴""快的"的强势垄断之下，“51用车”还得继续承受煎熬。或许可以熬到春天，或者死于冬季。

创业维艰，成功需“熬”。“熬”是一种包含着纠结、被迫、无奈的复杂状态。当产品功能过多无法取舍的时候，合作者之间出现不同意见无法统一的时候，市场出现状况让你进退两难的时候……那种内心的纠结实在是一种煎熬。冯仑在他的《伟大是熬出来的》一书中这样说：“时间的长短决定着事情和人的价值，决定着你能否成为伟大。”

对于绝大多数人来说，采摘下来的果蔬，如果放上20天甚至更长时间，还能保持新鲜并可以食用，那简直是天方夜谭。而要把果蔬的农药残留快速降解到安全范围，也是人们渴望却总是无法实现的愿望。

然而，这两个来自食品安全方面的大难题，竟然被揭阳普宁的民间创客团队解决了。

为了解决这一问题，这一创客团队研究了10年时间，经历了数千次的试验，这其中经历的痛苦和煎熬，也是普通人难以想象的。

这个创客团队的创始人吴健毕业于仲恺农学院。他知道，要想实现果蔬保鲜，就要从寻找最适合果蔬生长的光开始试验。

为了做试验，吴健家里的天台成了他的实验室。在做试验的时候，因为买到的插座质量不好，他曾经被电过好几次。为此，他没少受家里人抱怨。

吴健坦言，在创业的过程中，最憋屈的不是试验没有突破，而是不被人理解。除了家人的不理解，外界的“冷嘲热讽很多，因为根本就没有人相信我们会捣鼓出来”。甚至到了研究成果已经出来的时候，还遭到朋友的嘲笑。

创业就像爬山，开始的时候，摩拳擦掌，跃跃欲试，还能够一边看风景一边扫除障碍。然而，越往上爬，困难越大。体力的消耗、沿途的坎坷、不可预测的风险，随时都会出现在你的身边。在困难重重、步履维艰的时候，很多人会选择放弃。能够爬到山顶的人，是那些“再也走不下去”的时候依然坚持往前走的人。成功的路上并不拥挤，只有坚持下来，把这些困难都克服了、问题都解决了，你才能到达山顶，才能领略无限美好的风光。

任何一个创业者都有忧思成疾、夜不能寐的时候，都有身心俱疲、无力坚持的时候，而那些一直在煎熬却始终不曾放弃的人，才是值得尊敬的人。也只有那些在九死一生中熬过来的人，才能成为最终的成功者。作为创业者，如果你能够有一根强大到打不垮的神经，你就能获得最丰富的体验和最丰厚的报酬。

8.6 “猴爸”梁兴，缔造创客新传奇

在河南，提起华冠文化科技有限公司，估计知道的人并不多，但只要说起“猴爸”梁兴，大多数人都会知道。梁兴创办的“嘻多猴”，让很多创客争相学习。

每一个成功的创客都有着不为人知的创业故事，或跌宕起伏、惊心动魄，或热血沸腾、引人入胜，或心酸曲折、让人警醒，但无不励志。“猴爸”梁兴的创业之路，走得更是不“平凡”。

2010 年，梁兴带着自己的团队，从福建来到郑州，一腔热血地投身到如火如荼的动漫领域中。梁兴的第一部原创动漫《龙归》采用了事实与魔幻相结合的方式，讲述客家人南迁形成的过程。河南是客家的发源地，这也正是梁兴来到河南创业的重要原因之一。

梁兴的团队为这部动画前期造了 200 万元的预算，原以为自己有福建做动漫的基础，以及当时国家政策上的支持，再加上对市场的一些收益预期，这个初期的预算不会出现任何问题。

公司开业步入正轨之后，由于还有福建的事业，梁兴就把动画片项目管理制作等具体事宜交给了管理层，自己在福建、河南两地兼管，只负责市场拓展、整合资源等外围事宜。

理想很丰满，现实很骨感。在项目进行过程中，梁兴发现自己严重低估了动漫的烧钱程度，60 多人的制作班底，每个月各种开支就要用去 40 万元，200 万元的预算在实际操作过程中连项目的 1/3 都不够。最糟糕的是，管理制作团队也出现了问题，在 2010 年年底春节前夕，公司员工联名上书，强烈要求更换公司高层，希望梁兴亲自坐镇河南。短短一纸《致公司董事长的一封信》，触目惊心的一个个红指纹，给梁兴来了个当头棒喝！

梁兴面临一次人生的抉择：是继续撑下去，还是解散公司？是回福建继续自己安逸的事业，还是来河南收拾烂摊子？

梁兴是一个不服输的人，经过激烈的思想斗争，为了那些毅然决然留下来坚守的员工，也为了给自己一个交代，他放弃了福建的事业，选择前往河南。

那是梁兴最痛苦的一段记忆。公司其他股东已经无力再给《龙归》项目投钱。为了公司正常的运转，梁兴只好想办法自己“造血”。拿什么“造血”呢？梁兴选择了动漫体验店，在实际操作中最终演变成了电玩城。梁兴多方筹集资金，终于在 2011 年 4 月份，投资 400 多万元，把电玩城开了起来。谁知祸不单行，刚开业没几天的电玩城却被公安局强制关闭，停业整改，原因是采购的部分游戏机器功能涉嫌博彩……

一边是不断烧钱、嗷嗷待哺的动漫公司，一边是刚开业却被强行关闭整顿的电玩城，一切都乱七八糟，让人焦头烂额。梁兴不停地找钱养动漫公司，同时找关系疏通，让电玩城继续开业。梁兴的工作行程是每天上午光鲜地去动漫公司主持工作，中午离开公司请客吃饭应酬，疏通关系，晚上应酬完还要抽时间去电玩城处理相关事宜。那个时候，梁兴凌晨两点前都没回过家。虽然同住一个屋檐下，爱人却经常见不到他的面。自己被事业绑架了，成了彻头彻尾的工作机器。有一次送爱人远行，在火车站机械化地挥手、微笑、告别，爱人坐上火车后，向其发来短信“很久没看到你的笑容了”，令梁兴心痛不已。

这是一段痛苦的经历，梁兴一辈子都忘不了。

历经了重重波折，直到2011年11月份，一切才步入相对稳定的状态。

稳定之后，梁兴开始静下心思考：创业的目的是什么，怎样才能把创业变成事业？

其实创业的梦想最初真的很简单，就是通过自身与团队的努力，在实现自我价值的同时，让自己与身边的人过得更快乐、更幸福。经过几年的努力，到如今背井离乡，收获的真的是快乐吗？一路走来，身上的包袱越背越重，初心在哪儿？

实现自己与团队的价值，试着抛下包袱，学会做减法，用聚焦的方式去专注地做好做透一件事，给自己与身边的人创造更多的快乐，这才是出来创业的初心，梁兴终于觉悟！

自己凭一腔热血一头扎进动漫领域蛮干，虽然公司也出了《龙归》《小猪飞飞》两部系列动画片，取得了一定的成绩，难道这就是所谓的事业？既然选择了动漫领域，又历经了创业之初艰辛的洗礼，难道不就是“天降大任于斯人也”的考验，自己的格局更应该比常人放得更远更大。

以前像只无头苍蝇一样只知道关起门来做动漫，可是做出来的动画片究竟有多大的存在价值，难道仅仅是以赚钱为目的？梁兴不得不承认自己原来的认识太肤浅了。

动漫是什么？动漫是讲一个故事给大家。故事从哪里来？故事从生活中、传统文化中提炼而来。也就是说，动漫是一种文化的传播途径、表现形式。动漫要做得好，就要从文化的根上找突破口。河南是一个文化大省，哪种文化最容易和动漫有效结合，能完美地融入到动漫里去？经过层层筛选，梁兴认为，泥塑是一个不错的选择，立体、直观并且深受孩子们喜欢。

2013年3月份，在梁兴的有心结识下，通过层层关系，最终和国家级非物质文化遗产项目浚县泥咕咕的杰出代表人物——“泥猴张”张希和大师结了缘。已过古稀之年的张老捏了一辈子泥猴，一直希望自己的泥猴有一天能动起来、活起来。梁兴的动漫泥猴跨界融合产业化思维与张老一拍即合，老爷子当众拍板，全力以赴、无条件支持梁兴的动漫跨界产业化设想。

经历了创业之初的盲目冒进之后，梁兴知道任何一个项目的制定，都不是三言两语立马就能敲定的。既然确定了将传统文化与动漫时尚创意相融合，打造动漫形象跨界运营商业闭环的事业发展方向，就要找寻具体切实可行的思路。

经过深入的市场调研；经过相关专家、学者、同行以及文化部组织的多届全国动漫高级研修班的各地动漫文创企业老总们一次次请进来、历经不下50次的专题研讨；经过一次次走出去到全球近20个城市向优秀的动漫文创同行学习、考察；经过一次次分析，了解各种商业运作模式，梁兴的大脑如一台精密运转的电脑，每一个观点、每一个亮点、每一个角度、每一个模式，都深思熟虑，反复推敲，找寻突破口。

经过无数次的“立”，无数次的“破”，继而再“立”，2013年下半年，梁兴最终确定公司全力打造将传统手工技艺与时尚文化创意相融合的特色文化内容创意开发平台，公司由单纯的动漫设计制作转型成高科技文化创意型企业。

2014年，华冠动漫正式更名为河南华冠文化科技有限公司，此时，华冠全力步入特色文化内容的创意开发领域。梁兴的要做的已不单单是最初的让泥猴“动”起来的动漫，他要的是一个有生命的“泥猴形象”，能给自己、给家人、给同事、给身边的人制造和传递快乐的精神寄托。同时，这个形象有故事、有思想，可以是自己，也可以是每一个人，他把它叫作“嘻多猴”。

“嘻多猴”是梁兴用自己十年创业经历的酸甜苦辣体会融入其中，从传统文化中汲取创作灵感，并以中原传统泥塑的福猴作品为基础原型，历时一年零五个月创作而得的卡通形象。

形象保留了泥塑造型中的大圆眼睛、大圆点鼻孔及微笑逗乐式的嘴型。以头顶火焰、怀揣爱心、尾似祥云、须臾六点为形象剪影，代表嘻多猴“热情、善良、快乐、逗趣”的性格特点。形象的整体颜色以白色为主，源于金木水火土五行文化元素，白色属金，金代表财、福；白又谐音拜，取成语“拜相封侯”，正中经典作品“马上封侯”系列喻意。

嘻多猴有自己的职业，他是一名普通的创客，天性乐观积极，但是他一直坚信自己的血液中流淌着孙悟空家族的血统，在无数次与布老虎（反派）干仗的梦魇里，在《梦回西游》里，他都无所畏惧，勇往直前，始终用“带上快乐出发”的态度进行着人生旅途。向怀揣梦想，正在路上打拼的人们传递一个人生心态：“打拼、成长的路上用豁达的态度面对可能经历的任何，不忘初心，记得保留心底那份最本真、简单的快乐！”

嘻多猴是一种精神、一种理念，是一个卡通形象，更是一个品牌、一个商业模式，也是梁兴的代言人、创客的代言人。

梁兴发挥华冠文化多年沉淀的自身动漫企业资源优势，独创了“1+2+3”的特色文化内容创意开发运营模式，融创意、设计、开发、生产、推广、营销于一体，通过打造的“动漫形象跨界运营商业闭环”，构建“嘻多猴特色文化内容创意开发平台”。

如今，嘻多猴的内容开发除了“嘻多猴”原创视频、表情、漫画、壁纸、主题插画等基础内容，还衍生了瓷器、书签、银饰、手机壳、杯垫、U 盘、福猴杯、T-SHIRT、休闲食品等应用产品，嘻多猴 2016 猴年纪念币、手办模型、毛绒玩具、人偶服装、婴童用品等跨界产品将陆续登陆市场。

嘻多猴已经进化到一套完整的商业模式，既适用于传统文化的开发，也可以为城市的文化发掘、旅游景区品牌塑造、传统手工技艺传承、企业文化落地、产品形象开发等提供专业创意设计及落地解决方案服务。

经过十年的沉淀，梁兴的梦想，历经化茧成蝶的蜕变，如浴火重生的凤凰，2015 年 3 月份“嘻多猴商业模式”落地，5 月份形象发布，6 月份跨界合作发力以来，经过几个月的推广，吸引了众多同行及投资者的目光，如今已和十几个品牌互动合作，与多家资本机构和券商接触，规划上市新三板挂牌计划。

相信不久的将来，梁兴带领自己的团队，必能把华冠企业打造成根植传统文化，将特色传统文化与动漫时尚创意相融合的“文化内容形象落地创意升级服务”第一品牌！

8.7 任家斌：从创客到导师，以绝望的心情去打拼

做创客很难，做一个成功的创客更难。

从创业的第一天起，你面对的不是成功的荣耀，而是数不清的困难与扑面而来的伤痛！有时我们会发现，事业并没有按照我们的计划进行。因此我们愤怒、痛苦、沮丧，甚至绝望。

如果绝望怎么办？松下幸之助当年的回答是："那就抱着绝望的心情去打拼！"

任家斌，山东金正动画股份有限公司创始人，新生代创业者。生于 1975 年，从农村长大的他，大学毕业后 23 岁就担任了区文物保护管理所所长，后来被提拔成为基层领导干部，调任区纪检部门，监督管理城建、交通六个部门。这份工作，不能说人人羡慕，至少在很多人眼里，是一个"铁饭碗"。

可面对大家都认为的好差事，不安分的任家斌如同着魔一样，辞去公职成立公司下海经商，在山东聊城这么一个经济相对落后的"准三线"城市做起了至今看起来也很"高大上"的动漫拓荒者，留给同事、家人和朋友一头的雾水和满脸的不解、不屑。就这样他怀着文人的热血和情怀一头扎进动漫领域进行创业。聊城因他而成为全国三线以下城市最早发展动漫产业的城市之一。

对于创业，他根本就没有想过会有什么荆棘险滩，结果创业一开始就遭

遇了迎头一棒。2004年，踌躇满志的他举办了首届水城动漫艺术展，到场的千余观众是他从学校拉来的学生，一场活动赔了三万多元。他不甘心，结果越努力，赔得越多。

2006年3月17日凌晨两点，他坐在东昌湖边，吹着初春的寒风思索：辛苦两年组建起的创业团队只剩下了他一人。家里妻子没有工作，连续三个月没还上房贷，房子可能被收回。孩子刚上幼儿园，需要缴学费。他越想头越大，在湖边站起来又坐下，坐下又站起来。他的这一奇怪举动让夜巡的警察误以为他欲跳湖轻生，就将他强行劝离。他苦笑着对警察说："我死都不怕，还怕活着吗？"

创业必须选准土壤，先把根扎下去。房贷交不上，大不了把房子卖了！既然是创业，就要敢于对自己的弱点下刀。任家斌开始做高考生文管影视传媒专业培训，接其他广告公司不肯接的又累又琐碎的小活，一边挣钱还账，一边定位自己创业的生存路径。回顾那几年，他自己说，每年自己挣得钱是老家出来打工的老乡的负十倍以上。任家斌乐观地自嘲：赔钱终有赔钱的道理，生命贵在折腾。

2009年，任家斌成立了聊城市动漫艺术中心，开始集聚和培养动漫团队；2010年，他注册聊城金正动画有限公司，定位为结合本土传统文化做原创动漫，延伸文化创意服务社会以求生存与发展的思路。随着团队的组建和定位的明确，公司终于迎来事业的转折。当年，公司扭亏为盈。

任家斌的努力和坚持，换来了社会的认可和支持——媒体报道、资金扶持、政策引领、荣誉奖励…… 2013年公司增资到300万元，创业团队发展到50余人。2014年公司原创动画片《上班记》荣获"中国好动漫"的称号，推出并制作通过国家广电总局公示的原创二维动画片《香辣五侠》，通过文化创意产业带动其他产业转型升级，提升产品附加值。他推出了《新武松打虎》等多部原创人偶剧，融入诗歌、国学、《三字经》、保护环境等元素，通过卡通人偶方式将主题传达给广大小朋友，其社会效果、经济效益非常好。目前他的团队已经拥有山东省版权认证的原创产品 20 多项。

2015 年 5 月，公司增资到 500 万元，进行股份制改造，创业团队发展到 110 多人，形成了以动画创意创作为核心，以艺术设计、影视表演、动漫演艺为延伸的综合产业发展模式。公司目前已经完成股改，有望在 2015 年年底成为山东省第一家新三板挂牌的动画创意企业。

2015年是任家斌创业的第11个年头，他概括这11年的创业历程，连称“这是战战兢兢的 11 年，是自己跟自己过不去的 11 年”。任家斌的创业公司在山东西部欠发达地区走出了一条融合发掘优秀民族文化，融合信息和科技优势和其他产业间共荣共生的创新发展之路。他的文化创意产业创业经验引起了文化部、山东省文化厅领导的重视，成为经济欠发达城市借助深厚文化资源创业的典型。

由创客到创客导师，任家斌走了 11 年。目前任家斌是国家人社部认证、山东省培训的第一批创业培训教师，是聊城市首批上岗的创业讲师、山东艺术学院创业导师、聊城大学创业大讲堂特聘讲师、聊城市创业促进会创业导师俱乐部副秘书长、创业青年俱乐部秘书长。

为了引导和帮助更多有创意能力的年轻人实现创业，任家斌经过深思熟虑，于 2014 年年末开始布局规划聊城金正数字创意工场，筹建聊城首个“互联网 +”青年创客空间、文化创意青年创客空间和聊城青年创意创业学院，打造聊城青年“大众创业、万众创新”的新平台。该平台投入运营后，预计每年培训创业青年 1500 人以上，实训大学生 2000 人以上，带动和引导就业 3000 人以上，实现人才培养、人才推介、人力资源开发和青年创业就业的良性互动，创造不可替代的社会效益和经济效益。

从创客到创客导师，以绝望的心情去打拼，任家斌终于拥上充满希望的春天。

附录：国家相关扶持政策

国务院关于进一步支持小型微型企业健康发展的意见

国发〔2012〕14 号

各省、自治区、直辖市人民政府，国务院各部委、各直属机构：

小型微型企业在增加就业、促进经济增长、科技创新与社会和谐稳定等方面具有不可替代的作用，对国民经济和社会发展具有重要的战略意义。党中央、国务院高度重视小型微型企业的发展，出台了一系列财税金融扶持政策，取得了积极成效。但受国内外复杂多变的经济形势影响，当前，小型微型企业经营压力大、成本上升、融资困难和税费偏重等问题仍很突出，必须引起高度重视。为进一步支持小型微型企业健康发展，现提出以下意见。

一、充分认识进一步支持小型微型企业健康发展的重要意义

（一）增强做好小型微型企业工作的信心。各级政府和有关部门对当前小型微型企业发展面临的新情况、新问题要高度重视，增强信心，加大支持力度，把支持小型微型企业健康发展作为巩固和扩大应对国际金融危机冲击成果、保持经济平稳较快发展的重要举措，放在更加重要的位置上。要科学分析，正确把握，积极研究采取更有针对性的政策措施，帮助小型微型企业提振信心，稳健经营，提高盈利水平和发展后劲，增强企业的可持续发展能力。

二、进一步加大对小型微型企业的财税支持力度

（二）落实支持小型微型企业发展的各项税收优惠政策。提高增值税和营业税起征点；将小型微利企业减半征收企业所得税政策，延长到2015年底并扩大范围；将符合条件的国家中小企业公共服务示范平台中的技术类服务平台纳入现行科技开发用品进口税收优惠政策范围；自2011年11月1日至2014年10月31日，对金融机构与小型微型企业签订的借款合同免征印花税，将金融企业涉农贷款和中小企业贷款损失准备金税前扣除政策延长至2013年底，将符合条件的农村金融机构金融保险收入减按3%的税率征收营业税的政策延长至2015年底。加快推进营业税改征增值税试点，逐步解决服务业营业税重复征税问题。结合深化税收体制改革，完善结构性减税政策，研究进一步支持小型微型企业发展的税收制度。

（三）完善财政资金支持政策。充分发挥现有中小企业专项资金的支持引导作用，2012年将资金总规模由128.7亿元扩大至141.7亿元，以后逐年增加。专项资金要体现政策导向，增强针对性、连续性和可操作性，突出资金使用重点，向小型微型企业和中西部地区倾斜。

（四）依法设立国家中小企业发展基金。基金的资金来源包括中央财政预算安排、基金收益、捐赠等。中央财政安排资金150亿元，分5年到位，2012年安排30亿元。基金主要用于引导地方、创业投资机构及其他社会资金支持处于初创期的小型微型企业等。鼓励向基金捐赠资金。对企事业单位、社会团体和个人等向基金捐赠资金的，企业在年度利润总额12%以内的部分，个人在申报个人所得税应纳税所得额30%以内的部分，准予在计算缴纳所得税税前扣除。

（五）政府采购支持小型微型企业发展。负有编制部门预算职责的各部门，应当安排不低于年度政府采购项目预算总额18%的份额专门面向小型微型企业采购。在政府采购评审中，对小型微型企业产品可视不同行业情况给予6%～10%的价格扣除。鼓励大中型企业与小型微型企业组成联合体共同参加政府采购，小型微型企业占联合体份额达到30%以上的，可给予联合体

2%～3%的价格扣除。推进政府采购信用担保试点，鼓励为小型微型企业参与政府采购提供投标担保、履约担保和融资担保等服务。

（六）继续减免部分涉企收费并清理取消各种不合规收费。落实中央和省级财政、价格主管部门已公布取消的行政事业性收费。自 2012 年 1 月 1 日至 2014 年 12 月 31 日三年内对小型微型企业免征部分管理类、登记类和证照类行政事业性收费。清理取消一批各省（区、市）设立的涉企行政事业性收费。规范涉及行政许可和强制准入的经营服务性收费。继续做好收费公路专项清理工作，降低企业物流成本。加大对向企业乱收费、乱罚款和各种摊派行为监督检查的力度，严格执行收费公示制度，加强社会和舆论监督。完善涉企收费维权机制。

三、努力缓解小型微型企业融资困难

（七）落实支持小型微型企业发展的各项金融政策。银行业金融机构对小型微型企业贷款的增速不低于全部贷款平均增速，增量高于上年同期水平，对达到要求的小金融机构继续执行较低存款准备金率。商业银行应对符合国家产业政策和信贷政策的小型微型企业给予信贷支持。鼓励金融机构建立科学合理的小型微型企业贷款定价机制，在合法、合规和风险可控前提下，由商业银行自主确定贷款利率，对创新型和创业型小型微型企业可优先予以支持。建立小企业信贷奖励考核制度，落实已出台的小型微型企业金融服务的差异化监管政策，适当提高对小型微型企业贷款不良率的容忍度。进一步研究完善小企业贷款呆账核销有关规定，简化呆账核销程序，提高小型微型企业贷款呆账核销效率。优先支持符合条件的商业银行发行专项用于小型微型企业贷款的金融债。支持商业银行开发适合小型微型企业特点的各类金融产品和服务，积极发展商圈融资、供应链融资等融资方式。加强对小型微型企业贷款的统计监测。

（八）加快发展小金融机构。在加强监管和防范风险的前提下，适当放宽民间资本、外资、国际组织资金参股设立小金融机构的条件。适当放宽小额贷款公司单一投资者持股比例限制。支持和鼓励符合条件的银行业金融机构重点到中西部设立村镇银行。强化小金融机构主要为小型微型企业服务的市场定位，创新金融产品和服务方式，优化业务流程，提高服务效率。引导小金融机构增加服务网点，向县域和乡镇延伸。符合条件的小额贷款公司可根据有关规定改制为村镇银行。

（九）拓宽融资渠道。搭建方便快捷的融资平台，支持符合条件的小企业上市融资、发行债券。推进多层次债券市场建设，发挥债券市场对微观主体的资金支持作用。加快统一监管的场外交易市场建设步伐，为尚不符合上市条件的小型微型企业提供资本市场配置资源的服务。逐步扩大小型微型企业集合票据、集合债券、集合信托和短期融资券等发行规模。积极稳妥发展私募股权投资和创业投资等融资工具，完善创业投资扶持机制，支持初创型和创新型小型微型企业发展。支持小型微型企业采取知识产权质押、仓单质押、商铺经营权质押、商业信用保险保单质押、商业保理、典当等多种方式融资。鼓励为小型微型企业提供设备融资租赁服务。积极发展小型微型企业贷款保证保险和信用保险。加快小型微型企业融资服务体系建设。深入开展科技和金融结合试点，为创新型小型微型企业创造良好的投融资环境。

（十）加强对小型微型企业的信用担保服务。大力推进中小企业信用担保体系建设，继续执行对符合条件的信用担保机构免征营业税政策，加大中央财政资金的引导支持力度，鼓励担保机构提高小型微型企业担保业务规模，降低对小型微型企业的担保收费。引导外资设立面向小型微型企业的担保机构，加快推进利用外资设立担保公司试点工作。积极发展再担保机构，强化分散风险、增加信用功能。改善信用保险服务，定制符合小型微型企业需求的保险产品，扩大服务覆盖面。推动建立担保机构与银行业金融机构间的风险分担机制。加快推进企业信用体系建设，切实开展企业信用信息征集和信用等级评价工作。

（十一）规范对小型微型企业的融资服务。除银团贷款外，禁止金融机构对小型微型企业贷款收取承诺费、资金管理费。开展商业银行服务收费检查。严格限制金融机构向小型微型企业收取财务顾问费、咨询费等费用，清理纠正金融服务不合理收费。有效遏制民间借贷高利贷化倾向以及大型企业变相转贷现象，依法打击非法集资、金融传销等违法活动。严格禁止金融从业人员参与民间借贷。研究制定防止大企业长期拖欠小型微型企业资金的政策措施。

四、进一步推动小型微型企业创新发展和结构调整

（十二）支持小型微型企业技术改造。中央预算内投资扩大安排用于中小企业技术进步和技术改造资金规模，重点支持小型企业开发和应用新技术、新工艺、新材料、新装备，提高自主创新能力、促进节能减排、提高产品和服务质量、改善安全生产与经营条件等。各地也要加大对小型微型企业技术改造的支持力度。

（十三）提升小型微型企业创新能力。完善企业研究开发费用所得税前加计扣除政策，支持企业技术创新。实施中小企业创新能力建设计划，鼓励有条件的小型微型企业建立研发机构，参与产业共性关键技术研发、国家和地方科技计划项目以及标准制定。鼓励产业技术创新战略联盟向小型微型企业转移扩散技术创新成果。支持在小型微型企业集聚的区域建立健全技术服务平台，集中优势科技资源，为小型微型企业技术创新提供支撑服务。鼓励大专院校、科研机构和大企业向小型微型企业开放研发试验设施。实施中小企业信息化推进工程，重点提高小型微型企业生产制造、运营管理和市场开拓的信息化应用水平，鼓励信息技术企业、通信运营商为小型微型企业提供信息化应用平台。加快新技术和先进适用技术在小型微型企业的推广应用，鼓励各类技术服务机构、技术市场和研究院所为小型微型企业提供优质服务。

（十四）提高小型微型企业知识产权创造、运用、保护和管理水平。中小企业知识产权战略推进工程以培育具有自主知识产权优势小型微型企业为重点，加强宣传和培训，普及知识产权知识，推进重点区域和重点企业试点，

开展面向小型微型企业的专利辅导、专利代理、专利预警等服务。加大对侵犯知识产权和制售假冒伪劣产品的打击力度，维护市场秩序，保护创新积极性。

（十五）支持创新型、创业型和劳动密集型的小型微型企业发展。鼓励小型微型企业发展现代服务业、战略性新兴产业、现代农业和文化产业，走“专精特新”和与大企业协作配套发展的道路，加快从要素驱动向创新驱动的转变。充分利用国家科技资源支持小型微型企业技术创新，鼓励科技人员利用科技成果创办小型微型企业，促进科技成果转化。实施创办小企业计划，培育和支持3000家小企业创业基地，大力开展创业培训和辅导，鼓励创办小企业，努力扩大社会就业。积极发展各类科技孵化器，到2015年，在孵企业规模达到10万家以上。支持劳动密集型企业稳定就业岗位，推动产业升级，加快调整产品结构和服务方式。

（十六）切实拓宽民间投资领域。要尽快出台贯彻落实国家有关鼓励和引导民间投资健康发展政策的实施细则，促进民间投资便利化、规范化，鼓励和引导小型微型企业进入教育、社会福利、科技、文化、旅游、体育、商贸流通等领域。各类政府性资金要对包括民间投资在内的各类投资主体同等对待。

（十七）加快淘汰落后产能。严格控制高污染、高耗能和资源浪费严重的小型微型企业发展，防止落后产能异地转移。严格执行国家有关法律法规，综合运用财税、金融、环保、土地、产业政策等手段，支持小型微型企业加快淘汰落后技术、工艺和装备，通过收购、兼并、重组、联营和产业转移等获得新的发展机会。

五、加大支持小型微型企业开拓市场的力度

（十八）创新营销和商业模式。鼓励小型微型企业运用电子商务、信用销售和信用保险，大力拓展经营领域。研究创新中国国际中小企业博览会办展机制，促进在国际化、市场化、专业化等方面取得突破。支持小型微型企业参加国内外展览展销活动，加强工贸结合、农贸结合和内外贸结合。建设集中采购分销平台，支持小型微型企业通过联合采购、集中配送，降低采购成本。引导小型微型企业采取抱团方式“走出去”。培育商贸企业集聚区，发展专业市场和特色商业街，推广连锁经营、特许经营、物流配送等现代流通方式。加强对小型微型企业出口产品标准的培训。

（十九）改善通关服务。推进分类通关改革，积极研究为符合条件的小型微型企业提供担保验放、集中申报、24 小时预约通关和不实行加工贸易保证金台账制度等便利通关措施。扩大“属地申报，口岸验放”通关模式适用范围。扩大进出口企业享受预归类、预审价、原产地预确定等措施的范围，提高企业通关效率，降低物流通关成本。

（二十）简化加工贸易内销手续。进一步落实好促进小型微型加工贸易企业内销便利化相关措施，允许联网企业“多次内销、一次申报”，并可在内销当月内集中办理内销申报手续，缩短企业办理时间。

（二十一）开展集成电路产业链保税监管模式试点。允许符合条件的小型微型集成电路设计企业作为加工贸易经营单位开展加工贸易业务，将集成电路产业链中的设计、芯片制造、封装测试企业等全部纳入保税监管范围。

六、切实帮助小型微型企业提高经营管理水平

（二十二）支持管理创新。实施中小企业管理提升计划，重点帮助和引导小型微型企业加强财务、安全、节能、环保、用工等管理。开展企业管理创新成果推广和标杆示范活动。实施小企业会计准则，开展培训和会计代理服务。建立小型微型企业管理咨询服务制度，支持管理咨询机构和志愿者面向小型微型企业开展管理咨询服务。

（二十三）提高质量管理水平。落实小型微型企业产品质量主体责任，加强质量诚信体系建设，开展质量承诺活动。督促和指导小型微型企业建立健全质量管理体系，严格执行生产许可、经营许可、强制认证等准入管理，不断增强质量安全保障能力。大力推广先进的质量管理理念和方法，严格执行国家标准和进口国标准。加强品牌建设指导，引导小型微型企业创建自主

品牌。鼓励制定先进企业联盟标准，带动小型微型企业提升质量保证能力和专业化协作配套水平。充分发挥国家质检机构和重点实验室的辐射支撑作用，加快质量检验检疫公共服务平台建设。

（二十四）加强人力资源开发。加强对小型微型企业劳动用工的指导与服务，拓宽企业用工渠道。实施国家中小企业银河培训工程和企业经营管理人才素质提升工程，以小型微型企业为重点，每年培训50万名经营管理人员和创业者。指导小型微型企业积极参与高技能人才振兴计划，加强技能人才队伍建设工作，国家专业技术人才知识更新工程等重大人才工程要向小型微型企业倾斜。围绕《国家中长期人才发展规划纲要（2010—2020年）》确定的重点领域，开展面向小型微型企业创新型专业技术人才的培训。完善小型微型企业职工社会保障政策。

（二十五）制定和完善鼓励高校毕业生到小型微型企业就业的政策。对小型微型企业新招用高校毕业生并组织开展岗前培训的，按规定给予培训费补贴，并适当提高培训费补贴标准，具体标准由省级财政、人力资源和社会保障部门确定。对小型微型企业新招用毕业年度高校毕业生，签订1年以上劳动合同并按时足额缴纳社会保险费的，给予1年的社会保险补贴，政策执行期限截至2014年年底。改善企业人力资源结构，实施大学生创业引领计划，切实落实已出台的鼓励高校毕业生自主创业的税费减免、小额担保贷款等扶持政策，加大公共就业服务力度，提高高校毕业生创办小型微型企业成功率。

七、促进小型微型企业集聚发展

（二十六）统筹安排产业集群发展用地。规划建设小企业创业基地、科技孵化器、商贸企业集聚区等，地方各级政府要优先安排用地计划指标。经济技术开发区、高新技术开发区以及工业园区等各类园区要集中建设标准厂房，积极为小型微型企业提供生产经营场地。对创办3年内租用经营场地和店铺的小型微型企业，符合条件的，给予一定比例的租金补贴。

（二十七）改善小型微型企业集聚发展环境。建立完善产业集聚区技术、电子商务、物流、信息等服务平台。发挥龙头骨干企业的引领和带动作用，推动上下游企业分工协作、品牌建设和专业市场发展，促进产业集群转型升级。以培育农村二、三产业小型微型企业为重点，大力发展县域经济。开展创新型产业集群试点建设工作。支持能源供应、排污综合治理等基础设施建设，加强节能管理和“三废”集中治理。

八、加强对小型微型企业的公共服务

（二十八）大力推进服务体系建设。到2015年，支持建立和完善4000个为小型微型企业服务的公共服务平台，重点培育认定500个国家中小企业公共服务示范平台，发挥示范带动作用。实施中小企业公共服务平台网络建设工程，支持各省（区、市）统筹建设资源共享、服务协同的公共服务平台网络，建立健全服务规范、服务评价和激励机制，调动和优化配置服务资源，增强政策咨询、创业创新、知识产权、投资融资、管理诊断、检验检测、人才培训、市场开拓、财务指导、信息化服务等各类服务功能，重点为小型微型企业提供质优价惠的服务。充分发挥行业协会（商会）的桥梁纽带作用，提高行业自律和组织水平。

（二十九）加强指导协调和统计监测。充分发挥国务院促进中小企业发展工作领导小组的统筹规划、组织领导和政策协调作用，明确部门分工和责任，加强监督检查和政策评估，将小型微型企业有关工作列入各地区、各有关部门年度考核范围。统计及有关部门要进一步加强对小型微型企业的调查统计工作，尽快建立和完善小型微型企业统计调查、监测分析和定期发布制度。

各地区、各部门要结合实际，研究制定本意见的具体贯彻落实办法，加大对小型微型企业的扶持力度，创造有利于小型微型企业发展的良好环境。

国务院

2012年4月19日

国务院办公厅关于金融支持小微企业发展的实施意见

国办发〔2013〕87号

各省、自治区、直辖市人民政府，国务院各部委、各直属机构：

小微企业是国民经济发展的生力军，在稳定增长、扩大就业、促进创新、繁荣市场和满足人民群众需求等方面，发挥着极为重要的作用。加强小微企业金融服务，是金融支持实体经济和稳定就业、鼓励创业的重要内容，事关经济社会发展全局，具有十分重要的战略意义。为进一步做好小微企业金融服务工作，全力支持小微企业良性发展，经国务院同意，现提出以下意见。

一、确保实现小微企业贷款增速和增量“两个不低于”的目标

继续坚持“两个不低于”的小微企业金融服务目标，在风险总体可控的前提下，确保小微企业贷款增速不低于各项贷款平均水平、增量不低于上年同期水平。在继续实施稳健的货币政策、合理保持全年货币信贷总量的前提下，优化信贷结构，腾挪信贷资源，在盘活存量中扩大小微企业融资增量，在新增信贷中增加小微企业贷款份额。充分发挥再贷款、再贴现和差别准备金动态调整机制的引导作用，对中小金融机构继续实施较低的存款准备金率。进一步细化“两个不低于”的考核措施，对银行业金融机构的小微企业贷款比例、贷款覆盖率、服务覆盖率和申贷获得率等指标，定期考核，按月通报。要求各银行业金融机构在商业可持续和有效控制风险的前提下，单列小微企业信贷计划，合理分解任务，优化绩效考核机制，并由主要负责人推动层层落实。（人民银行、银监会按职责分工负责）

二、加快丰富和创新小微企业金融服务方式

增强服务功能、转变服务方式、创新服务产品，是丰富和创新小微企业金融服务方式的重点内容。进一步引导金融机构增强支小助微的服务理念，动员更多营业网点参与小微企业金融服务，扩大业务范围，加大创新力度，增强服务功能；牢固树立以客户为中心的经营理念，针对不同类型、不同发展阶段小微企业的特点，不断开发特色产品，为小微企业提供量身定做的金融产品和服务。积极鼓励金融机构为小微企业全面提供开户、结算、理财、咨询等基础性、综合性金融服务；大力发展产业链融资、商业圈融资和企业群融资，积极开展知识产权质押、应收账款质押、动产质押、股权质押、订单质押、仓单质押、保单质押等抵质押贷款业务；推动开办商业保理、金融租赁和定向信托等融资服务。鼓励保险机构创新资金运用安排，通过投资企业股权、基金、债权、资产支持计划等多种形式，为小微企业发展提供资金支持。充分利用互联网等新技术、新工具，不断创新网络金融服务模式。（人民银行、银监会、证监会、保监会按职责分工负责）

三、着力强化对小微企业的增信服务和信息服务

加快建立“小微企业—信息和增信服务机构—商业银行”利益共享、风险共担新机制，是破解小微企业缺信息、缺信用导致融资难的关键举措。积极搭建小微企业综合信息共享平台，整合注册登记、生产经营、人才及技术、纳税缴费、劳动用工、用水用电、节能环保等信息资源。加快建立小微企业信用征集体系、评级发布制度和信息通报制度，引导银行业金融机构注重用好人才、技术等“软信息”，建立针对小微企业的信用评审机制。建立健全主要为小微企业服务的融资担保体系，由地方人民政府参股和控股部分担保公司，以省（区、市）为单位建立政府主导的再担保公司，创设小微企业信贷风险补偿基金。指导相关行业协会推进联合增信，加强本行业小微企业的合作互助。充分挖掘保险工具的增信作用，大力发展贷款保证保险和信用保险业务，稳步扩大出口信用保险对小微企业的服务范围。（发展改革委、工

业和信息化部、财政部、商务部、人民银行、工商总局、银监会、证监会、保监会等按职责分工负责）

四、积极发展小型金融机构

积极发展小型金融机构，打通民间资本进入金融业的通道，建立广覆盖、差异化、高效率的小微企业金融服务机构体系，是增加小微企业金融服务有效供给、促进竞争的有效途径。进一步丰富小微企业金融服务机构种类，支持在小微企业集中的地区设立村镇银行、贷款公司等小型金融机构，推动尝试由民间资本发起设立自担风险的民营银行、金融租赁公司和消费金融公司等金融机构。引导地方金融机构坚持立足当地、服务小微的市场定位，向县域和乡镇等小微企业集中的地区延伸网点和业务，进一步做深、做实小微企业金融服务。鼓励大中型银行加快小微企业专营机构建设和向下延伸服务网点，提高小微企业金融服务的批量化、规模化、标准化水平。（银监会牵头）

五、大力拓展小微企业直接融资渠道

加快发展多层次资本市场，是解决小微企业直接融资比例过低、渠道过窄的必由之路。进一步优化中小企业板、创业板市场的制度安排，完善发行、定价、并购重组等方面的政策和措施。适当放宽创业板市场对创新型、成长型企业的财务准入标准，尽快启动上市小微企业再融资。建立完善全国中小企业股份转让系统（以下称“新三板”），加大产品创新力度，增加适合小微企业的融资品种。进一步扩大中小企业私募债券试点，逐步扩大中小企业集合债券和小微企业增信集合债券发行规模，在创业板、“新三板”、公司债、私募债等市场建立服务小微企业的小额、快速、灵活的融资机制。在清理整顿各类交易场所基础上，将区域性股权市场纳入多层次资本市场体系，促进小微企业改制、挂牌、定向转让股份和融资，支持证券公司通过区域性股权市场为小微企业提供挂牌公司推荐、股权代理买卖等服务。进一步建立健全非上市公众公司监管制度，适时出台定向发行、并购重组等具体规定，支持小微企业股本融资、股份转让、资产重组等活动。探索发展并购投资基金，积极引导私募股权投资基金、创业投资企业投资于小微企业，支持符合条件的创业投资企业、股权投资企业等发行企业债券，专项用于投资小微企业，促进创新型、创业型小微企业融资发展。（证监会、发展改革委、科技部等按职责分工负责）

六、切实降低小微企业融资成本

进一步清理规范各类不合理收费，是切实降低小微企业综合融资成本的必然要求。继续对小微企业免征管理类、登记类、证照类行政事业性收费。规范担保公司等中介机构的收费定价行为，通过财政补贴和风险补偿等方式合理降低费率。继续治理金融机构不合理收费和高收费行为，开展对金融机构落实收费政策情况的专项检查，对落实不到位的金融机构要严肃处理。（发展改革委、工业和信息化部、财政部、人民银行、银监会等按职责分工负责）

七、加大对小微企业金融服务的政策支持力度

对小微企业金融服务予以政策倾斜，是做好小微企业金融服务、防范金融风险的必要条件。进一步完善和细化小微企业划型标准，引导各类金融机构和支持政策更好地聚焦小微企业。充分发挥支持性财税政策的引导作用，强化对小微企业金融服务的正向激励；在简化程序、扩大金融机构自主核销权等方面，对小微企业不良贷款核销给予支持。建立科技金融服务体系，进一步细化科技型小微企业标准，完善对各类科技成果的评价机制。在银行业金融机构的业务准入、风险资产权重、存贷比考核等方面实施差异化监管。继续支持符合条件的银行发行小微企业专项金融债，用所募集资金发放的小微企业贷款不纳入存贷比考核。逐步推进信贷资产证券化常规化发展，引导金融机构将盘活的资金主要用于小微企业贷款。鼓励银行业金融机构适度提高小微企业不良贷款容忍度，相应调整绩效考核机制。继续鼓励担保机构加大对小微企业的服务力度，推进完善有关扶持政策。积极争取将保险服务纳入小微企业产业引导政策，不断完善小微企业风险补偿机制。（发展改革委、科技部、工业和信息化部、财政部、人民银行、税务总局、统计局、银监会、

证监会、保监会等按职责分工负责）

八、全面营造良好的小微金融发展环境

推进金融环境建设，营造良好的金融环境，是促进小微金融发展的重要基础。地方人民政府要在健全法治、改善公共服务、预警提示风险、完善抵质押登记、宣传普及金融知识等方面，抓紧研究制定支持小微企业金融服务的政策措施；切实落实融资性担保公司、小额贷款公司、典当行、投资（咨询）公司、股权投资企业等机构的监管和风险处置责任，加大对非法集资等非法金融活动的打击惩处力度；减少对金融机构正常经营活动的干预，帮助维护银行债权，打击逃废银行债务行为；化解金融风险，切实维护地方金融市场秩序。有关部门要研究采取有效措施，积极引导小微企业提高自身素质，改善经营管理，健全财务制度，增强信用意识。（发展改革委、工业和信息化部、公安部、财政部、商务部、人民银行、税务总局、工商总局、银监会、证监会、保监会等按职责分工负责）

各地区、各有关部门和各金融机构要按照国务院的统一部署，进一步提高对小微企业金融服务重要性的认识，明确分工，落实责任，形成合力，真正帮助小微企业解决现实难题。银监会要牵头组织实施督促检查工作，确保各项政策措施落实到位。从2014年开始，各省级人民政府、人民银行、银监会、证监会和保监会要将本地区或本领域上一年度小微企业金融服务的情况、成效、问题、下一步打算及政策建议，于每年1月底前专题报告国务院。各银行业金融机构有关落实情况及下一步工作和建议，由银监会汇总后报国务院。

国务院办公厅

2013年8月8日

关于小型微利企业所得税优惠政策有关问题的通知

财税〔2014〕34号

各省、自治区、直辖市、计划单列市财政厅（局）、国家税务局、地方税务局，新疆生产建设兵团财务局：

为了进一步支持小型微利企业发展，经国务院批准，现就小型微利企业所得税政策通知如下：

一、自2014年1月1日至2016年12月31日，对年应纳税所得额低于10万元（含10万元）的小型微利企业，其所得减按50%计入应纳税所得额，按20%的税率缴纳企业所得税。

二、本通知所称小型微利企业，是指符合《中华人民共和国企业所得税法》及其实施条例以及相关税收政策规定的小型微利企业。

请遵照执行。

财政部 国家税务总局

2014年4月8日

国务院办公厅关于发展众创空间推进大众创新创业的指导意见

国办发〔2015〕9号

各省、自治区、直辖市人民政府，国务院各部委、各直属机构：

为加快实施创新驱动发展战略，适应和引领经济发展新常态，顺应网络时代大众创业、万众创新的新趋势，加快发展众创空间等新型创业服务平台，营造良好的创新创业生态环境，激发亿万群众创造活力，打造经济发展新引擎，经国务院同意，现提出以下意见。

一、总体要求

（一）指导思想。全面落实党的十八大和十八届二中、三中、四中全会精神，按照党中央、国务院决策部署，以营造良好创新创业生态环境为目标，以激发全社会创新创业活力为主线，以构建众创空间等创业服务平台为载体，有效整合资源，集成落实政策，完善服务模式，培育创新文化，加快形成大众创业、万众创新的生动局面。

（二）基本原则

坚持市场导向。充分发挥市场配置资源的决定性作用，以社会力量为主构建市场化的众创空间，以满足个性化多样化消费需求和用户体验为出发点，促进创新创意与市场需求和社会资本有效对接。

加强政策集成。进一步加大简政放权力度，优化市场竞争环境。完善创新创业政策体系，加大政策落实力度，降低创新创业成本，壮大创新创业群体。完善股权激励和利益分配机制，保障创新创业者的合法权益。

强化开放共享。充分运用互联网和开源技术，构建开放创新创业平台，促进更多创业者加入和集聚。加强跨区域、跨国技术转移，整合利用全球创新资源。推动产学研协同创新，促进科技资源开放共享。

创新服务模式。通过市场化机制、专业化服务和资本化途径，有效集成创业服务资源，提供全链条增值服务。强化创业辅导，培育企业家精神，发挥资本推力作用，提高创新创业效率。

（三）发展目标。到2020年，形成一批有效满足大众创新创业需求、具有较强专业化服务能力的众创空间等新型创业服务平台；培育一批天使投资人和创业投资机构，投融资渠道更加畅通；孵化培育一大批创新型小微企业，并从中成长出能够引领未来经济发展的骨干企业，形成新的产业业态和经济增长点；创业群体高度活跃，以创业促进就业，提供更多高质量就业岗位；创新创业政策体系更加健全，服务体系更加完善，全社会创新创业文化氛围更加浓厚。

二、重点任务

（一）加快构建众创空间。总结推广创客空间、创业咖啡、创新工场等新型孵化模式，充分利用国家自主创新示范区、国家高新技术产业开发区、科技企业孵化器、小企业创业基地、大学科技园和高校、科研院所的有利条件，发挥行业领军企业、创业投资机构、社会组织等社会力量的主力军作用，构建一批低成本、便利化、全要素、开放式的众创空间。发挥政策集成和协同效应，实现创新与创业相结合、线上与线下相结合、孵化与投资相结合，为广大创新创业者提供良好的工作空间、网络空间、社交空间和资源共享空间。

（二）降低创新创业门槛。深化商事制度改革，针对众创空间等新型孵化机构集中办公等特点，鼓励各地结合实际，简化住所登记手续，采取一站式窗口、网上申报、多证联办等措施为创业企业工商注册提供便利。有条件的地方政府可对众创空间等新型孵化机构的房租、宽带接入费用和用于创业服务的公共软件、开发工具给予适当财政补贴，鼓励众创空间为创业者提供免费高带宽互联网接入服务。

（三）鼓励科技人员和大学生创业。加快推进中央级事业单位科技成果使用、处置和收益管理改革试点，完善科技人员创业股权激励机制。推进实施大学生创业引领计划，鼓励高校开发开设创新创业教育课程，建立健全大学生创业指导服务专门机构，加强大学生创业培训，整合发展国家和省级高校毕业生就业创业基金，为大学生创业提供场所、公共服务和资金支持，以创业带动就业。

（四）支持创新创业公共服务。综合运用政府购买服务、无偿资助、业务奖励等方式，支持中小企业公共服务平台和服务机构建设，为中小企业提供全方位专业化优质服务，支持服务机构为初创企业提供法律、知识产权、财务、咨询、检验检测认证和技术转移等服务，促进科技基础条件平台开放共享。加强电子商务基础建设，为创新创业搭建高效便利的服务平台，提高小微企业市场竞争力。完善专利审查快速通道，对小微企业亟须获得授权的核心专利申请予以优先审查。

（五）加强财政资金引导。通过中小企业发展专项资金，运用阶段参股、风险补助和投资保障等方式，引导创业投资机构投资于初创期科技型中小企业。发挥国家新兴产业创业投资引导基金对社会资本的带动作用，重点支持战略性新兴产业和高技术产业早中期、初创期创新型企业发展。发挥国家科技成果转化引导基金作用，综合运用设立创业投资子基金、贷款风险补偿、绩效奖励等方式，促进科技成果转移转化。发挥财政资金杠杆作用，通过市场机制引导社会资金和金融资本支持创业活动。发挥财税政策作用支持天使投资、创业投资发展，培育发展天使投资群体，推动大众创新创业。

（六）完善创业投融资机制。发挥多层次资本市场作用，为创新型企业提供综合金融服务。开展互联网股权众筹融资试点，增强众筹对大众创新创业的服务能力。规范和发展服务小微企业的区域性股权市场，促进科技初创企业融资，完善创业投资、天使投资退出和流转机制。鼓励银行业金融机构新设或改造部分分（支）行，作为从事科技型中小企业金融服务的专业或特色分（支）行，提供科技融资担保、知识产权质押、股权质押等方式的金融服务。

（七）丰富创新创业活动。鼓励社会力量围绕大众创业、万众创新组织开展各类公益活动。继续办好中国创新创业大赛、中国农业科技创新创业大赛等赛事活动，积极支持参与国际创新创业大赛，为投资机构与创新创业者提供对接平台。建立健全创业辅导制度，培育一批专业创业辅导师，鼓励拥有丰富经验和创业资源的企业家、天使投资人和专家学者担任创业导师或组成辅导团队。鼓励大企业建立服务大众创业的开放创新平台，支持社会力量举办创业沙龙、创业大讲堂、创业训练营等创业培训活动。

（八）营造创新创业文化氛围。积极倡导敢为人先、宽容失败的创新文化，树立崇尚创新、创业致富的价值导向，大力培育企业家精神和创客文化，将奇思妙想、创新创意转化为实实在在的创业活动。加强各类媒体对大众创新创业的新闻宣传和舆论引导，报道一批创新创业先进事迹，树立一批创新创业典型人物，让大众创业、万众创新在全社会蔚然成风。

三、组织实施

（一）加强组织领导。各地区、各部门要高度重视推进大众创新创业工作，切实抓紧抓好。各有关部门要按照职能分工，积极落实促进创新创业的各项政策措施。各地要加强对创新创业工作的组织领导，结合地方实际制定具体实施方案，明确工作部署，切实加大资金投入、政策支持和条件保障力度。

（二）加强示范引导。在国家自主创新示范区、国家高新技术产业开发区、小企业创业基地、大学科技园和其他有条件的地区开展创业示范工程。鼓励各地积极探索推进大众创新创业的新机制、新政策，不断完善创新创业服务体系，营造良好的创新创业环境。

（三）加强协调推进。科技部要加强与相关部门的工作协调，研究完善推进大众创新创业的政策措施，加强对发展众创空间的指导和支持。各地要做好大众创新创业政策落实情况调研、发展情况统计汇总等工作，及时报告有关进展情况。

国务院办公厅

2015 年 3 月 2 日